JN057613

録音録画時代の取調べの技術

山田昌広 著

Recording Interrogations

東京法令出版

は じ め に

　本書は，私が「捜査研究」(東京法令出版）の令和元年7月号から令和2年10月号に15回にわたり連載した「録音録画時代の取調べの技術」を基に，必要な修正や加筆をしたものである。

　なるべく連載の内容をそのままの形で維持しつつ，書籍として，より充実した内容とするため，連載した15講に個人的な意見等をコラムの形で加えたほか，新たに実践編として連載にない2つの補講を加えるなどした。

　令和元年6月1日に取調べの録音録画の一部義務化を規定した改正刑事訴訟法が施行されたことから，それに合わせ，連載では，なるべく具体的に，録音録画時代の取調べとはどうあるべきかを私なりに検討し，お示しした。

　実際の事件の取調べを参考にした設例を用いて，関係者の供述や証拠関係を踏まえた具体的な「問い」の内容を検討している点が，これまでの他書等には見られない新鮮な点ではないかと思う。

　本文にも述べているが，あくまでも現時点での私見であり，批判的に検討していただければ幸いである。

　ところで，「録音録画時代の取調べの技術」は，「録音録画時代」を録音録画が義務化されていなかった時代と比べて消極的に捉え，その中でどう最善を尽くすかを検討したものではないことは強調しておきたい。

　取調べは，録音録画があろうとなかろうと，関係者から真実を聞き出すための重要な捜査である。

その重要性は，「録音録画時代」においても，それ以前と比べいささかも減少するものではないし，その意義も，「録音録画」によっていささかも失われないと確信している。

　私が本書で検討したかったのは，「録音録画時代」において，どのように関係者から真実を聞き出すかという「技術」である。

　そして，本書を通じて主張していることは，本来の取調べとは，「録音録画時代の取調べの技術」として本書で検討したような「録音録画時代」のあるべき取調べと同じだということである。

　したがって，本書は，「録音録画時代の取調べの技術」という題名にしているが，検討している内容は，「録音録画」の実施の有無にかかわらない点で，本来，「取調べの技術」とでも名付けるべきものである（実際にも，本書で検討している設例のほとんどは録音録画の義務化の対象ではない。）。

　仮に，従前，「録音録画時代の取調べ」としては巧くない，又は不適切な取調べをしていたとすれば，それは，「取調べの技術」が未熟だったものが単に「録音録画」によって露呈することになったにすぎない。

　本書執筆に当たり，あるべき取調べの形を言語化する中で，自戒を込めてそう思わずにはいられなかった。

　今後も，執務を通じて，「録音録画時代の取調べの技術」を磨いていきたいと思っている。

　令和３年８月

　　　　　　　　　　　　　　山　田　昌　広

目　次

第 3 章　被害者調べについて

第 4 章　参考人調べについて

第 5 章　まとめ

第6章 補 講

結びに代えて

第 ① 章

弁解録取について

第1講
銃刀法違反
〜録音録画時代と調書時代の違い

ここがPOINT
録音録画時代においては，
「調書の内容」より「取調べ
の内容」が大切

はじめに

この度，縁あって，「録音録画時代の取調べの技術」を題材に執筆をする機会をいただきました。

私は，検事に任官して以来，「いい検事」になりたいと思い，真摯に事件と向き合い努力してきたつもりです。

「いい検事」の要件は色々あると思いますが，「いい検事」の要素の一つが「取調べがうまい」検事であることは間違いないでしょう。

「取調べがうまい」検事とはどういう検事かといえば，

① 的確に証拠構造を把握する能力
② 適切なコミュニケーション能力

がある検事だと思います。なぜなら，取調べとは，①的確に証拠構造を把握した上で，②適切なコミュニケーションを経て必要十分な「事実」を聞き取るものであり，それは①②が適切に組み合わされて初めて可能になるからです。

そして，その「技術」は，匠の技，一定の優れた職人のみが持ち得る技，ではなく，誰もが訓練によって身に付け得るものだと思います。

「録音録画時代」は取調べの「技術」を広く共有し，客観的に探究する契機になるはずです。私は，本書を通じて，「取調べの技術」が体系化され，広く捜査官に共有される，そういった流れを生み出すための一石を投じられればと思っています。

もちろん，ここで私が述べることは私個人の意見であって，検察庁の統一見解

ではありません。

　本書では，仮想の設例を通じて，どのような問いをどのような順序で聞くか，出た答えに対して，どのような問いを発するべきか，なるべく具体的に示していきたいと思います。みなさんも，自分が取調官ならどう聞くか，どのような順序で聞くかを考えながら，批判的に検討していただければ，何かしらの気付きがあるはずです。

設　例

　被疑者（56歳）は，単身無職で公園を転々として寝泊まりしていたが，リュックサックを背負って狭い道路を歩行中，背後から走行してきた自動車が対向車とすれ違うために道路左側に寄ったことで，自動車の左ドアミラーが被疑者のリュックサックに当たった。被疑者は自動車の運転手が何らの謝罪もなく走り去ったことを不満に思い，自動車のナンバーを控えるとともに，警察官から自動車の運転手に注意をしてもらおうと考え最寄りの交番へ行った。交番の警察官は，被疑者の話を聞き，リュックサックの中身の損傷の有無を確かめるべく，被疑者の了解を得てリュックサックを開けて中を見たところ，刃体の長さが約8センチメートルのカッターナイフを発見したため，被疑者を銃刀法違反の現行犯人として逮捕した。

　弁解録取において，何をどのように聞くべきか。

検　討

　まずは，この設例を通じて「録音録画時代」とは何かを考えたいと思います。

　最初ですから，被疑者が取調室に入るところから確認します。

　※ 🯅＝取調官，🯅＝被疑者を示します。

> （入室）
> おはようございます。

> おはようございます。

> 早速，法律の規定にしたがって手続を始めますが，この手続の内容を記録するためにあなたがこの部屋に入室してから退室するまで全て録音と録画がされていま

第1講　銃刀法違反　　3

すから，その点をご承知おきください。

はい。

私は，この事件を担当する検事の山田といいます。よろしくお願いします。

よろしくお願いします。

はじめに，名前を教えてもらえますか。

（氏名を答える。）

生年月日はいつですか。

（生年月日を答える。）

今，おいくつですか。

（年齢を答える。）

住所はありますか。

ありません。

本籍は分かりますか。

（本籍を答える。）

今から，あなたに，あなたが逮捕された事実について伝えた上で，その事実について何か間違いがあるか，弁解があるかを確認する手続を始めますが，その前に，あなたには権利が大きく分けて2つあるので，1つ1つ説明しますね。

はい。

警察からも教えられていると思いますが，あなたには**黙秘権**といって，言いたくないことを無理に言わなくてもいいという権利があります。ですから，これか

ら，私が色々と聞いていきますが，もし答えたくない
ことがあれば，答えないで黙っていてもいいし，「答
えたくないです。」と答えてもらっても構いません。
黙っていたとしても，答えたくないと答えたとして
も，それはあなたの黙秘権の範囲内ですから，それに
よってあなたが不利益な扱いを受けることはありませ
ん。安心してそのような態度をとってください。
ただね，言いたくないことがあるからといってそれを
言わないために積極的に嘘をついていいという権利で
はありません。仮にあなたが積極的に嘘をついてね，
後でそれがあなたの積極的な嘘だと分かれば，それは
あなたが反省していないとか，そういう意味であなた
にとって不利益な証拠となる可能性がありますから，
話すなら正直に話す，話したくないなら黙秘をすると
いうことにしてください。

分かりました。

次に，**弁護士さんを頼む権利**があります。
（別紙を示しながら）
ここにね，弁護士さんを頼む権利について詳しく書か
れていますので，一緒に読んでいきますね。
（別紙を読んで聞かせた上で）
弁護士さんを頼む権利があって，国の費用で付けても
らえることになっていますから，付けてもらってくだ
さいね。
この手続が終わったら裁判所に行ってもらいますけ
ど，そこで資力申告書にあなたの資力を書いてもらっ
てね，50万円はないでしょ。

はい。

そうであれば，国の費用で付けてもらえますから。そ
れでね，あなたが弁護士さんに会いたいということで
あれば自由に会えますから。私とか，警察の方とか，
留置の方とかに弁護士さんと会いたいと伝えてくださ
いね。すぐ連絡して会いに来てもらえるようにお願い

しますからね。

分かりました。

あなたの2つの大きな権利，1つは黙秘権，1つは弁護士さんを頼む権利，分かりましたか。

はい。

それからこれは権利ということではなく，一般的な注意ですが，これまで警察でも色々話しているかと思いますが，警察と検察庁とは役割も異なる別の役所です。ですから，警察で話したことをそのとおり検察庁で話さなければいけないということはありません。ですから，たとえば，警察ではAと話したけど，私に聞かれてもう一度よく思い出してみたらBだったということがあれば遠慮なくBだと話してください。
逆に言うとね，警察で聞かれてあなたがAと話していたとしても，私ももう一度同じ質問をしますから。それは検察と警察とで立場が異なる別の役所だからということでご理解ください。
いいですか。

分かりました。

2つの権利と，警察で話したとおり話す必要はないということについて何か質問はありませんか。

ありません。

それでは，あなたが逮捕された事実を読みますので，よく聞いてください。
（送致事実を読む。）

　さて，導入はここまでです。中身の検討に入りましょう。
　被疑者は，ホームレスであり，いわゆる日雇い労働者として働きながら生活していました。
　そして，日雇い労働の仕事でカッターナイフを使うことがあり，それを購入し，

そのまま持っていたそうです。それは犯罪になるのだろうか，と素朴に疑問に思うはずです。

逮捕し，勾留して捜査を続ける場合，今の疑問に目を背けるとすれば，次のような調書を作成することになるでしょう。

調書例（調書時代）

私は，某日，某警察署において，刃体の長さが約8センチメートルのカッターナイフを持っていました。

持っていたことに特に理由はありません。

「録音録画時代」前を仮に「調書時代」と名付けるとすると，「調書時代」においては，このような調書を作成して被疑者の署名を得るのは容易です。

この内容であれば，「正当な理由」もないという自白調書です。

しかし，問題は，この調書を読んだだけでは，被疑者の弁解をきちんと聞いたのかが分からない点にあります。仮に先の疑問点を被疑者に聞いていないとすれば弁解録取としては不十分だと言わざるを得ませんが，先の疑問点を被疑者に確認した上での調書なのか，そもそも先の疑問点を被疑者に確認していないのかが調書自体からは分かりません。

ところが，「録音録画時代」においては，取調べの「内容」自体が記録として残り，証拠となりますから，先の疑問点を聞いたか聞いていないかは明らかであり，聞いていないのであれば弁解録取として不十分だということになります。

すなわち，

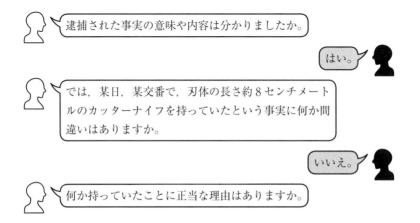

逮捕された事実の意味や内容は分かりましたか。

はい。

では，某日，某交番で，刃体の長さ約8センチメートルのカッターナイフを持っていたという事実に何か間違いはありますか。

いいえ。

何か持っていたことに正当な理由はありますか。

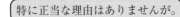

特に正当な理由はありませんが。

はい，じゃあ，調書にまとめますね。

などという問答で先ほどの調書ができていたとすれば，弁解録取としては，十分ではないわけです。

なぜなら，

何か持っていたことに正当な理由はありますか。

という問いは，「正当な理由」を積極的に説明できますか，あるなら説明してね，説明する責任はあなたにありますよ，という消極的な答えを誘導するバイアスがかかった質問だからです。

　そうではなく，「正当な理由」の有無を明らかにしなければいけないという「要証事実」を念頭に置いた上で，

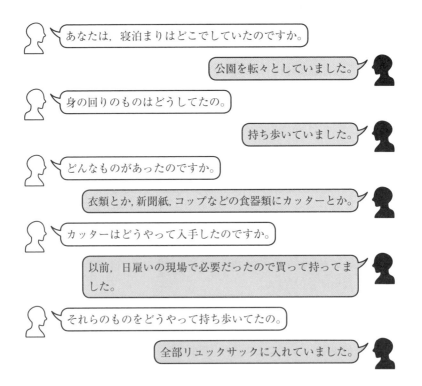

あなたは，寝泊まりはどこでしていたのですか。

公園を転々としていました。

身の回りのものはどうしてたの。

持ち歩いていました。

どんなものがあったのですか。

衣類とか，新聞紙，コップなどの食器類にカッターとか。

カッターはどうやって入手したのですか。

以前，日雇いの現場で必要だったので買って持ってました。

それらのものをどうやって持ち歩いてたの。

全部リュックサックに入れていました。

ほかに何か物を入れて持ち歩ける物は持ってますか。

いえ。リュックだけです。

 移動の方法についてですが，自転車とか，徒歩以外の移動手段はありましたか。

いいえ。全て歩きです。

 そうすると，所持品は全てリュックサックに入れて持ち歩くしかないということなの。

そうです。

 そうするとさ，今回，カッターナイフを持っていて逮捕されたことに何か不満はないのですか。

まぁ，じゃあ，どうすればよかったのかって気持ちは正直ありますよね。
被害者のつもりが逮捕されちゃって。

 そうだよね。どうすればよかったのかな。

捨てればよかったのかもしれませんけど，捨てなきゃいけないとか持ち歩いてたら犯罪になるなんて意識は全くなかったですよね。

と，まぁ普通はこうなりますよね。

　ポイントは，他に方法がなかったのにカッターナイフを持っていたことで逮捕されたことに不満や言いたいことはないのか，と正面から真摯に聞くことです。

　「調書時代」には，何か排斥しがたい弁解が出たら嫌だからということで，聞かないという例が残念ながら時々ありました。そのような調書を作成しても結局公判では捜査段階では聞かずに逃げていた点が争点となり問題となっていました。

　「調書時代」であれ，そのような取調べはダメな取調べであることは言うまでもありませんが，取調べの結果をまとめた「調書」からはダメな取調べであることが判明しないこともありました。しかしながら，「録音録画時代」ではダメな

取調べはそのまま記録されます。

　ここが決定的に「調書時代」と異なるところです。発する問いの内容，順序，まさに取調べの質がありのまま記録されます。

　しかしながら，私は，むしろ，取調官にとっては大きなチャンスだと思っています。いい取調べができるように研鑽が積めますし，録音録画が「矯正器具」のように我々を質のいい取調べに導いてくれるからです。また，若い取調官にとっては，様々な取調べを見て学ぶチャンスでもあります。

　さて，事例に戻りますが，続けて，釈放された場合に，住居不定になってしまうこと，環境調整が必要であることを明らかにすべく，次のような問いを発するべきでしょう。

なるほどね。仮に今釈放されたらどこか寝泊まりするところはあるの。

公園ですね。

なんで公園で寝泊まりしてるんですか。

行く場所ないから。

積極的に公園が好きだということではないのね。

はい。違います。泊まれるところがあればもちろんその方がいいです。

市役所などに相談はしました。

いいえ。

生活保護を受給しようとは思わなかったの。

そういう考えはありませんでした。

なんで。

もらえるんですか。

あなたが生活保護受けられなかったら誰が受けられるの。

そうですよね。

仕事はする気あるんでしょ。

もちろん，自分にもできる仕事なら。

念のために確認ですけど，刑務所に行きたいわけじゃないんですよね。

絶対嫌ですよ（笑）。

今までの話を簡単に調書にまとめますね。あなたの話を私が口に出して言って，それを事務官がパソコンに入力してくれますので，よく聞いてもらって，「ん？なんか違うぞ。」とか違和感なり疑問があったら何でも遠慮なく言ってください。

はい。

その上で，パソコンに入力したものをプリントアウトして，今度はその書面を見ながら一緒に確認してもらいます。その時にもおかしいと思うことがあれば何でも言ってください。要するに，私が口頭でまとめる時と，紙に出して内容を確認してもらう時と，2回，内容を確認する機会がありますからね。

はい。

　さて，録音録画できちんと弁解を正面から真摯に聞いたのであれば，調書は次のようになるでしょう。

1　私は，某日，某警察署において，刃体の長さが約8センチメートルの
カッターナイフを持っていました。

2　持っていたことに特に理由はありません。

3　ただ，私には寝泊まりする家がなく，公園を転々としており，所持品
は全てリュックサックに入れて徒歩で移動していました。

このカッターナイフも，以前日雇いの仕事に必要で購入したもので，
捨てるのももったいないのでリュックに入れていたのです。

まさかリュックにカッターを入れていたことが犯罪になるとは思って
いませんでした。

　もちろん，「調書時代」であってもこのような調書を作成すべきであることは
言うまでもありません。もっとも，「ただ，」以降の事柄は，弁解録取の段階では
単に被疑者の弁解にすぎない可能性もあり，嘘かもしれないので，裏付けのない
話として調書には録取しなかったということはあったかもしれません。しかし，
録音録画ではこの点に関する問答が記録されるわけですから，その意味では調書
に記録しない意味がなく，裁判官の参考のためにも録取した方が親切でしょう。

　どうしても裏付けのない供述を平文で録取することに抵抗があるのであれば，
問答形式で録取すればよいでしょう。

＜取調べが済んだ後の流れ＞

読んで聞かせましたが，目で追ってもらって何か違う
とか，違和感があるとか，疑問があったら何でも言っ
てください。

いえ。間違いありません。

そうしたらね。間違いないということで，調書の最後
の行の次の行に，署名をして指印をしてもらえますか。

そして，各ページを読んで間違いないことを確認した
という意味で，各ページの右下の欄外のところにもそ
れぞれ指印を押してください。

はい。ではこれで終わりまして，裁判所へ行ってもらいますからね。裁判官からも事実関係等について聞かれますから。そして，その時にね，弁護士さんを頼むようにしてくださいね。

お疲れさまでした。

ありがとうございました。
（退室）

「正当な理由」の有無の解釈を論じる場ではありませんので，そこは読者の検討に委ねますが，法律上の問題点として「正当な理由」とは何か，本件のような場合にも「正当な理由」は認められないのかを検討した上で，仮に「正当な理由」はないのだとしても，処罰するのが妥当か，当罰性をきちんと検討する必要があります。

　私は，刑事処罰よりも，いかに被疑者の環境を整えて社会復帰を促すかを考えるのが相当な事案だと思います。

　以降も「録音録画時代」の取調べとはどうあるべきかを設例を通じて考えていきたいと思います。誤解のないように付言しますが，「調書時代」の取調べも本来は「録音録画時代」と同様に行われるべきものだったはずです。ですから，設例は，録音録画義務化の対象事件に限らず，むしろ日常扱うことの多い様々な犯罪を設例として設けています。

　検察官がどのように録音録画時代の取調べをするかを知ることは，警察における取調べがどうあるべきかについての参考にもなるはずです。

コラム ● ● ● ● 取調べが「技術」であることの意味

　「某検事は自白が取れる。」とか「某検事では割れない。」とか「某検事の取調べはインタビューだ。」など，取調べに対する評価は様々です。

　しかし，自白が得られるかどうかの理由がどこにあるのか，どうすれば改善されるのかという具体的な検討や指導がこれまで十分になされてきたとは思えません。

　おそらく，そんなものは各自が実際の取調べを通じて，工夫と改善を繰り返して身に付けていくべきものだという前提があり，取調官の努力に対する信頼があったのだと推察しますが，それでは取調官の技術の向上は，本人任せになってしまい，せっかくの組織力を生かしきれません。

　「録音録画」の導入は，これまでの状況を大きく変えるチャンスであり，そのように活用していくべきものだと考えます。

　さて，外国語の学習，料理の修行などの本質は「技術」です。「技術」は，教科書を読むだけでは身に付きません。外国語は，文法や発音の方法を教科書で読むだけでは身に付かず，実際に手を動かして書き，口を動かしてしゃべることで自分でもできるようになります。料理も，レシピ本を読んで完成したおかずのおいしそうな写真を何度も見ても，同じような料理が作れるようにはなりません。実際に手を動かし，失敗を重ね，工夫と改善を経て自分でも作れるようになります。

　取調べもこれらと全く同じです。本書を読んで，「そうだよな。」とか「分かった。」とか思ったとしても不十分です。取調べ前に，実際に，自分で「問い」を考えておき，取調べにおいて出てきた供述に応じて，次の「問い」を組み立てる，その中で，失敗を重ね，原因を考え，工夫と改善を繰り返すことが必要です。

　「技術」を身に付けるとはそういうことです。そのことは明確に意識しておかなければ，いつまでたっても「技術」は身に付きません。

第2講
コンビニにおけるレジからの窃盗
～弁解録取における注意点

ここがPOINT
証拠構造を意識し弁解内容となる事実を具体的に聞き出すこと

はじめに

　本講では，被疑者から最初に話を聞く機会である弁解録取について考えてみましょう。設例は，実際の事案を参考に作成した仮想の事例です。

設　例

　被疑者は，コンビニの店員に対し，振込伝票で自動車ローンの支払いをした際，店員に現金で5万円を支払ったが，店員がその現金をレジの上に置いた後に揚げ物を注文し，店員が揚げ物を包装するためにレジカウンターから離れた隙にレジの上に置かれたままであった一万円札5枚のうち1枚を抜き取り窃取した。

　警察は，コンビニ店内の防犯カメラ映像から被疑者を特定し，通常逮捕した。

　被疑者は，多く支払ってしまった1万円を返してもらっただけだと弁解している。

　弁解録取時において確認すべき事項はどんなことか。

検　討

　さて，設例の弁解を聞いて皆さんは何を思ったでしょうか。

私は,「馬鹿な弁解だな」と思いました。他方で,あまりに荒唐無稽な弁解であるがゆえに,そのような弁解を許す客観的な状況でもあるのかなとも思いました。

　検察官は,被疑者の弁解内容いかんにかかわらず,弁解録取手続に当たり,事前に記録を十分に検討し,逮捕手続など先行する手続の適正を確認するとともに,犯人性,罪体及び重要情状事実について証拠構造を検討・把握しておく必要があります。

　本件では,証拠構造に照らし,1万円を窃取した行為の防犯カメラ映像をきちんと確認しておくことが大切です。コンビニ店内の防犯カメラ映像から,何をどの程度証明できるのかを事前に把握してから弁解を聞く必要があります。

証拠構造

　防犯カメラ映像:犯人性及び窃盗の実行行為(窃取行為)に関する直接証拠

　調書に何を録取すべきかは,証拠構造との関係で決まりますから,常に証拠構造を意識しながら記録を検討するようにしましょう。

　さて,防犯カメラ映像を見たところ,設例のとおり,被疑者が数枚の一万円札を財布から取り出し,レジカウンターに置いて支払い,これを店員が数えてレジスターの札置きに置いたところ,被疑者が追加で揚げ物を注文し,店員が揚げ物を取り出しに向かった隙に,被疑者がレジスターの札置きから一万円札1枚を抜き取り窃取する様子がはっきりと映っていました。

　したがって,被疑者の「返してもらった」旨の弁解は明らかに虚偽ですから,弁解録取の段階で,きちんと自白させるか,弁解が不合理であることが明確になるような供述を得て,これを録音録画に収め,調書上も明らかにさせる必要があります。

　まず,よくない弁解録取及び弁解録取書の例を示しておきます。

　※　◯ =取調官,　● =被疑者を示します。

＜弁解録取ＮＧ例＞

逮捕された事実に間違いはありますか。

私は,窃盗はしていません。

1万円は盗んだのではないのですか。

多く支払ってしまったので，返してもらっただけです。

あっそ。じゃあ，そういう形で調書に残しておきますね。

などという問答をした上で，次のようにまとめます。

調書例（悪い例）

　私は，窃盗はしていません。

　多く支払ってしまったので1万円を返してもらっただけです。

　この弁解録取及び調書の何が悪いのでしょうか。

　確かに，被疑者の弁解を聞いてそのまま録取しています。しかし，弁解録取は，被疑者の弁解を聞いてそのまま録取すればいいのではありません。事実関係を詳しく聞いて，どこが弁解のポイントなのかを明確にする必要があります。

　例えば，「返してもらった」とは何を意味するのでしょうか。店員が，「はい，どうぞ。」と言って，一万円札を被疑者に手渡して「返した」のであれば窃盗ではありません。しかし，防犯カメラ映像のように，店員に無断で抜き取っているのであれば窃盗です。

　つまり，「返してもらった」という答えについて，「返した」という評価的な回答で満足してしまい，その1万円がどこからどのように被疑者に返ってきたのかという具体的な事実が聞き取れていないために，かかる弁解が弁解として成り立っているのか，あり得る弁解なのか，あり得ない弁解なのかが明らかになっていないことが問題なのです。

　ちなみに，こういう取調べをする取調官に多いのが，最後の「あっそ。」というような余計な一言です。取り調べている本人は，「そんな弁解は通用しないぞ。」と暗にほのめかしているつもりかもしれませんが，そうであれば，そのように明示する方がまだましです。被疑者を馬鹿にしたような態度からは何も良い結果は生まれないばかりか，被疑者との関係を構築していく上ではマイナスでしかありません。取調べは，常に誠実に，正々堂々と行うべきです。

　では，弁解内容を明確にするために，何をどのように聞けばいいのでしょうか。

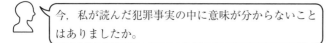

今，私が読んだ犯罪事実の中に意味が分からないことはありましたか。

いいえ。

と，まずは，被疑者が逮捕された事実の意味や内容を理解していることを確認した上で，

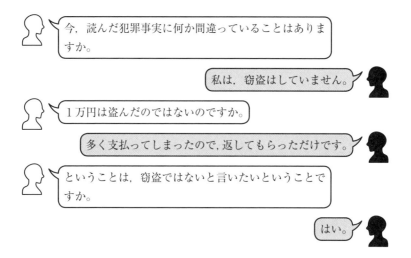

今，読んだ犯罪事実に何か間違っていることはありますか。

私は，窃盗はしていません。

1万円は盗んだのではないのですか。

多く支払ってしまったので，返してもらっただけです。

ということは，窃盗ではないと言いたいということですか。

はい。

と，被疑者が何を供述するか，なるべく限定を付けずにオープンに聞いて，認否を明確にするとよいでしょう。

　次に，このままでは弁解内容が曖昧で理解できないので，改めてオープンな質問で被疑者に説明させましょう。

多く払った1万円を返してもらったというのはどういう意味ですか。

彼女とのデートの約束があり，慌てていて現金を多く支払ってしまい，余分に支払った1万円を回収しただけです。

　ここで出た弁解のうち，排斥すべき不合理な点は何でしょうか。

明らかにおかしい点が2点あります。1点は，現金を多く支払ったという点，もう1点は，1万円を回収した，という点です。通常，コンビニの店員に1万円多く支払うということは考えられませんし，「回収」は何を意味するのかが分かりません。

　そこで，被疑者から出た答えはこの2点においておかしいということを意識して，事実関係を詰めて聞いていくことが必要です。ただし，これらの点を意識しつつも，あくまでも事実関係を聞いていくことに集中してください。ここがコツです。

　ここで，

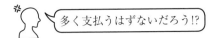
多く支払うはずないだろう!?

と不合理な弁解に対し，不合理だとぶつけても何の意味もありません。

　そうではなく，多く支払った現金を回収しただけという被疑者の弁解は，現金を多く支払ったという事実が確実に存在したのでなければ成り立たない弁解ですから，現金を多く支払ったという事実を確定させるために，次の問いを発するべきです。

なぜ多く支払ったと分かったのですか。

　ここは，多く支払ったという弁解を一旦引き受けた上で，「そうか，多く支払っちゃったのか，そういうこともあるよね」という態度で，なぜ多く支払ったと分かったのかを供述させることが大切です。

　もし，その答えが，

きちんと枚数を数えたわけではありませんが，確認しないで支払ったので6枚あったと思いました。

という程度のぼやぼやした供述であれば，その時点で「詰み」です。

　なぜなら，確実に「6枚」の一万円札を支払ったという確信がないのであれば，レジスターの上の一万円札の束から1万円を抜き取ってはだめですから。

　他方で，被疑者が，

> 1枚ずつ一万円札を数えて6枚あることを確認して店員に渡しました。

と供述したとしても「詰み」です。

　なぜなら，次に，

> では，なぜ5万円でいいところを6枚の一万円札を渡したのですか。

と聞けば，およそ合理的な説明は考えられないからです。

　つまり，1点目の不合理さを明確にする際の肝は，

> なぜ多く支払ったと分かったのですか。

という問いを発し，この点についての供述を引き出すことにあるのです。

　しかし，取調官の中には，多く払ったという弁解に「ふざけるな！」という気持ちが先行してしまい，

> 多く支払うはずないだろう!?

と聞いてしまう人も少なくないはずです。

　このように言ってしまうと，被疑者が不合理な供述をするはずの答えを聞き出すことができなくなってしまいます。

　録音録画の下では，いかに冷静に不合理な供述を引き出すかが肝心ですから，不合理な点を把握し，そこを語らせる質問を用意する訓練が大切になります。

　ところで，

> なぜ多く支払ったと分かったのですか。

という問いは，やや抽象的で答えにくいかもしれませんので，この問いをさらに答えやすいように，実際には，次のように聞いていきます。

> 多く支払ったのは間違いないの。

はい。

6枚の一万円札を店員に渡したってことかな。

はい。

なんで6枚渡したって分かるの。1枚ずつ数えたの。

1枚ずつ数えたわけじゃないんですけど，まとめて札を手にとって，なんか多いかなって思って。

そうすると，1枚ずつ数えて6枚あったってことじゃないのね。

はい。

そうすると，5枚だったかもしれないよね。

……

いや，確実に1枚多く渡したのでなければ，1枚取り戻しちゃだめなわけでしょ。なんで6枚渡したって分かったのかっていう疑問なんだけど。

財布から出すときに6枚あったって数えて分かったので。

あ，そうなの，数えたのね。

はい。

ん？ でもさ，数えて6枚あるって分かったんだよね。

はい。

車のローンの支払いは5万円支払えば足りたんだよね。

はい。

 なんで６万円支払ったの。

 ……

 質問の意味分かるかな。５万円支払えばいいと分かっていたあなたが，なぜ店員に一万円札６枚と分かっていながら渡すの。

 返してくれると思って。

え？　店員さんが？
店員さんが数えて返してくれると思って，あえて６枚の一万円札を渡したの。

 慌てていたので。

でも，６枚あることは数えて分かってたんだよね。

 はい。

それで，６枚の一万円札を受け取った店員さんは，一万円札の枚数を数えなかったの。

数えたと思いますけど。

 そうしたら，６枚あったら気が付くんじゃないの。１枚多いですよと。

そうなんですけど，何も言われなかったので，回収しました。

　ここまででも十分に不合理さが伝わると思います。

　被疑者は，５万円を支払えば足りるところ，１枚１枚数えて６枚の一万円札を渡すという行為の不自然さを無意識に認識していたのでしょう。最初は，１枚ずつ数えて６枚渡したわけではないと供述しました。しかし，それに対して，検察官から，それじゃあ，５枚しか渡してなかったかもしれないよね，それなのに１枚取り返しちゃだめだよね，と言われ，６枚数えたと供述を変遷させています。ここで，供述を変遷させたことを追及する必要はありません。供述の変遷は録音

録画に記録されていますから，淡々と聞き取り，むしろ，今度は，変遷後の供述の不合理性を明らかにすべく更に語らせるべきです。そうすると，被疑者は，6枚数えたという自らの供述に縛られることになり，5万円払えばいいところを6枚の一万円札で6万円を支払ったという，どう考えても不合理な事実を供述せざるを得ないところに追い込まれているわけです。自ら事実を語り，その不合理性を追及されると，供述を変遷させ，その変遷後の供述も不合理であるという被疑者の供述内容そのものが，弁解の不合理さを証明しています。調書時代には，変遷前の供述は勘違い等としてまとめられ，調書上には表れないことも多く，供述過程そのものを調書に録取することは困難でしたから，録音録画は本当に武器になると思います。

　さて，次に，2点目の，1万円を回収するとはどういうことかについて考えてみましょう。

　被疑者は，6枚の一万円札で支払いをしたと言い張っていますので，それはそれとして引き受けましょう。その上で，

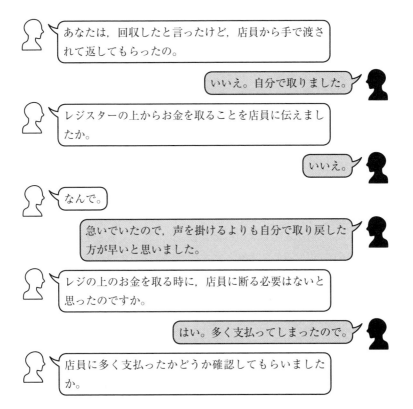

あなたは，回収したと言ったけど，店員から手で渡されて返してもらったの。

いいえ。自分で取りました。

レジスターの上からお金を取ることを店員に伝えましたか。

いいえ。

なんで。

急いでいたので，声を掛けるよりも自分で取り戻した方が早いと思いました。

レジの上のお金を取る時に，店員に断る必要はないと思ったのですか。

はい。多く支払ってしまったので。

店員に多く支払ったかどうか確認してもらいましたか。

いえ。確実に多く支払ったので。

多く支払ったと店員に言いましたか。

いいえ。

店員に何も言わず，レジスターの上から一万円札を取ることが悪いことだとは思わなかったのですか。

今は声を掛けるべきだったと思いますけど，その時は思いませんでした。

　被疑者の弁解の不合理な点の２点目は，仮に１万円多く６万円を支払ったとしても，レジスターの上から店員に断りなく１万円を取ったという点です。

　仮に被疑者に６万円を支払った確信があるのであれば，店員に対し「ちょっとすみません。今支払った１万円ですけど６枚ありませんか。」などと聞くのが通常でしょう。それをしていない不合理さを明確にしておく必要があります。

　１万円を多く支払ったものの通常の行動として，①店員に支払い金額の確認を求める，②１万円多く支払っていたことを確認し，１万円の返却を「店員から」受ける，ことになると思いますが，被疑者は，①店員に確認していない，②１万円を断りなく「自分で」抜き取ったという点で不合理なわけです。その点の事実を被疑者の口で語らせる問いを発する必要があります。

　さて，以上のような弁解録取を録音録画に収めた上で，調書は次のようになります。

調書例（参考）

　　1　私は，５万円の支払いでいいところを，６万円支払ってしまい，多く
　　　支払った１万円を返してもらっただけで窃盗はしていません。
　　2　支払う際に，一万円札を１枚ずつ数え，６枚あることを確認しました
　　　ので，６万円を支払ったことに間違いはありません。
　　問　なぜ５万円でいいところを６枚の一万円札を支払ったのか。
　　答　急いでいて慌てて支払ってしまいました。
　　　支払った後，多く支払った１万円をレジスターの上から返してもらい
　　　ました。

問	その際，店員に対し，１万円を抜き取ることを話したか。
答	いいえ。話していません。急いでいたので勝手に抜き取りました。
問	そのことが悪いことだと思わなかったのか。
答	その時は思いませんでした。

このように，被疑者の弁解の内容を明らかにすることが弁解録取の役割です。

最初の調書の例との違いを確認してみれば，取調べの様子の違いも手に取るように分かるのではないでしょうか。

なお，犯行態様に関する直接証拠である防犯カメラ映像からも，被疑者の弁解は明らかに不合理ですから，弁解録取の段階で，きちんと自白させるか，弁解が不合理であることが明確になるような供述を得る必要があると述べましたが，優先すべきは，弁解が虚偽であることを明確にすることです。

すなわち，本件は，被疑者に具体的に供述させればさせるほど，その弁解の不合理さが明らかになる事案です。ですから，「へー」「そうなんだ」「それから」などと，いかにも「なるほどねー」「そういうこともあるのかぁ」などと納得したような態度で話を聞き，被疑者に気持ちよく話をさせることが大切です。被疑者に具体的に語らせれば語らせるほど，被疑者が自ら落ちていく事案だからです。

他方，「ふざけたことを言っている」「きちんと認めさせよう」などと力むと，最初から，

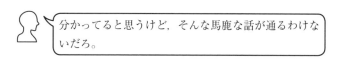

分かってると思うけど，そんな馬鹿な話が通るわけないだろ。

とか，さらに極端な例だと，語気を荒らげて，

反省しろ！

などと言ってしまい，被疑者の感情を損ね，供述を得るどころか黙らせてしまいます。

きちんと自白させるための発問は，一通り話を聞き出し，不合理な内容の供述を録音録画に記録した上で，

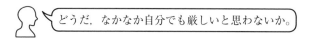

どうだ，なかなか自分でも厳しいと思わないか。

などと言って，自白を促す程度のチャレンジをするというイメージです。

　しかし，それは必ずしも弁解録取の段階で必要なことではありません。

　とにかく，オープンに弁解をできるだけ具体的に引き出す。それが必要であり，それで十分です。

　弁解を一通り聞き取り，調書にまとめた上で，

> 私は，なかなか今の弁解は苦しいと思うぞ。
> 今晩よく考えてみてくれるか。

などと言って帰せば十分でしょう。

　取調べは，取調室だけで完結するものではありません。逮捕後に初めて検察庁に送られてくる被疑者は，本当に不安な気持ちだと思います。担当検事はどんな人だろう，ふざけた弁解（本人に自覚はあるはず）をしていたらどなられるだろうか，罪は重くなるだろうか，などいろいろと考えているはずです。

　その上で，弁解録取に否認で臨む被疑者は，「否認を貫いてやるぞ！」と意気込み，決意を固めて来ているのです。

　それを，弁解録取のその場で自白させるというのは容易でないことが多いのは当たり前です。

　ですから，できるだけ具体的に弁解を聞き出すことで，被疑者自らに「苦しい弁解をしているな」と自覚させることが大切であり，本件の弁解録取ではそこまでで十分です。

　そして，「今晩考えてみてくれ」ということで，今晩は帰れず勾留されるということ，検事はいつでも供述の変更を歓迎するということを示唆するとともに，「今晩」と限定することで，早めの自白を迫っているのです。

　「否認を貫いてやるぞ！」という意気込みであった被疑者の決意を揺るがし，一晩「どうするか，否認を貫くべきか，認めるべきか。」と再考を促すことができれば，弁解録取としては成功ではないでしょうか。

　被疑者の取調べは，取調室の中だけで完結するものではなく，10日間なり20日間の勾留期間を通じ，被疑者が留置施設にいる間に何を考えさせるかも含めて，取調べの一部であるという戦略を持つべきです。そして，警察の取調官と密に連絡を取り合い，役割分担や方針を共有することも大切です。

　本件は，防犯カメラ映像だけでも確信を持って窃取行為を認定できる事案なので，取調官も気持ちにゆとりが持てます。しかし，防犯カメラ映像を事前に見て

いなければ，被疑者の弁解のどこが嘘でどこが嘘でないのかが分からず，適切な質問を発することはできません。

　取調べの巧拙は，事前の十分な記録検討による証拠構造の把握を前提として，適切なコミュニケーションが取れるかどうかで決まるということがお分かりいただけたのではないかと思います。

コラム　●●●●　取調べ「技術」の指導や身に付け方について

　本講の悪い調書例を作成した取調官に対し，「なんで割れないんだ？」などと抽象的に叱責したとしても指導効果は期待できません。調書の内容を読んだ上で，取調官に対し，「多く支払ってしまったという被疑者の認識の根拠は？」，「１万円を返してもらったというのは具体的にはどういうふうに返してもらったの？」と被疑者の具体的な供述内容を聞くことで，取調官がそれらの事実を具体的に聞けているかを確認し，聞けていなかった場合にはその点の気付きを与える指導が必要です。

　他方，調書の内容から上記のような指摘を受けた取調官は，上司の質問の意味・趣旨を理解し，反省・改善の機会とするように努めるべきでしょう。

　また，取調官は，上司に対してだけでなく，先輩や同僚に対しても，事案の概要や証拠構造を説明した上で，先輩や同僚なら被疑者等にどのような質問をするかと相談してみると，証拠構造を言語化して意識する訓練になりますし，様々な視点や質問方法について学ぶことができます。

　結果として，相談をした側だけでなく，相談を受けた側も気付きを得ることができ，各人の取調べ能力が加速度的に向上していくことが期待できます。

　ですから，積極的に組織を利用して「技術」を身に付けていきましょう。

第3講
幼児に対する傷害
～供述の変遷に対する対応

ここがPOINT
変遷した事実に飛び付かず，
変遷後の供述内容を掘り下
げていくこと

はじめに

　本講では，児童虐待事件を例に，弁解録取時において現れた供述の変遷に対し，どのような取調べを行うべきか，また，誓約書に基づいて被疑者を起訴猶予とする場合にどのような取調べをすべきかを考えてみたいと思います。

　なお，設例は，実際の事件を参考にアレンジした仮想のものです。

　ところで，令和元年6月1日に施行された録音録画の義務化は，おおまかに言えば，**①裁判員裁判事件，②いわゆる検察官独自捜査事件を対象事件として，③身柄事件の被疑者が対象となります。**したがって，①②以外の事件である，例えば暴行事件や，①②事件であっても，在宅の被疑者や，参考人等は録音録画義務の対象ではありません。

　しかし，みなさんも経験があると思いますが，最近，何か問い合わせや苦情を言うためにカスタマーセンターに電話をすると，最初に自動音声により「品質向上のため，お客様との通話内容を録音させていただいております。」と流れることが多いですよね。そして，何か怒りの感情を持ってそれをぶつけようと息巻いていたとしても，「録音されているなら，大人らしく冷静に言うべきことを言わなきゃな」と自制したことはありませんか。私は何度もあります（笑）。何が言いたいかというと，録音録画は，確かに捜査機関側の取調べの適正を確保するという趣旨がありますが，他方で，被疑者や参考人など，取調べを受ける対象者への抑止効果もあるということです。

　もちろん，録音録画には，取調べ内容を客観的に記録するという意義があります。

ですので，私は，上記義務化の範囲に関係なく，およそ私の取調室で行う取調べは，原則として全て録音録画するようにしています。録音録画しておけば，後で自分でも取調べ内容を検証できますし，多くの方から，様々な角度から取調べ内容をご指導いただくきっかけにもなりますので，取調べ技術の向上には大変有効であると感じています（カスタマーセンターの「品質の向上」に相当します。）。と同時に，「この取調べの内容は録音録画していますのでご了承ください。」と断っておくことで，関係者の負の感情がむき出しのままぶつけられて取調べにならないという事態を避けることが期待できます。

　特に，今回例に挙げた児童虐待事件やDV事件では，関係者が感情的になっていることもあり，被疑者のみならず，関係者の取調べの際には，それを録音録画する効果が高いと思われます。

　話はまた逸れますが，児童虐待事件では，被害児童に対するいわゆる司法面接的な手法が用いられることもありますが，司法面接の手法と，録音録画における取調べの技術には多くの共通項があります。すなわち，「調書時代」の取調べにおいては，取調べの結果としての調書の内容が一番大切であり，取調べの中の発問の内容や順序にはあまり関心が払われませんでした。極端に言えば，発問内容や順序がでたらめでも，発問に対する答えを過不足なく理路整然とまとめた必要十分な調書の内容であれば問題はありませんでした。ですから，取調べ技術の指導も調書の書きぶりであるとか，録取事項の漏れ（録取されてしかるべき事実が録取されていないなど）の指摘が中心でした。しかし，「録音録画時代」においては，調書の内容ではなく，まさに取調べの内容そのものが大切となります。そして，取調べの内容とは何かと言えば，発問の内容であり，発問の順序です。そして，その技術はいわゆる司法面接における手法である誘導を用いないオープン質問から入るという点などで共通します。

　前置きが長くなりましたが，設例に入りましょう。

設　例

　父親である被疑者が，自宅において，1歳の幼児の頬を平手で数回殴打した。

　被疑者の家庭には，被害幼児のほかにも二人の子供がおり，児童相談所は，この家庭をネグレクト（育児放棄）がある家庭だと把握し，指導していた。

　そして，本件事件の翌日，被害幼児が保育園に登園した際，保育士が幼児の頬にある青あざを発見し，児童相談所に通報したところ，児童相談所から警察に通報があり発覚した。

児童相談所は被疑者の二人の子供を一時保護した。

　被疑者は，被害幼児に対する暴行を否認したが，検察官等による司法面接的取調べの結果，二人の子供のうち，年上の子（10歳）から，「パパが2回叩いた」旨の供述を得たことから，被疑者を通常逮捕した。

　弁解録取時において確認すべき事柄はどんなことか。

検　討

　設例のとおり，1歳の被害幼児の頬にあざがあった点について，被疑者は暴行の事実を否認し，ベッドにぶつけただけだと話していました。

　しかし，逮捕して警察における弁解録取をしたところ，被疑者は，「叩いたことは認めるが1回だけです。」旨供述しました。

　警察官としては，どのような事柄に注意して取調べを行い，どのような調書をまとめればよいのでしょうか。

　ここで，よくない弁解録取調書の例を示しておきます。

調書例（悪い例）

　　私は，被害幼児を平手で叩きました。

　　ただ，1回だけであり，複数回ではありません。

　この調書の何が悪いのでしょうか。

　確かに，被疑者の弁解をそのまま録取していますし，弁解内容も明確です。逮捕事実は「平手で数回殴打した」となっていますが，「数回」ではなく，「1回だけ」という弁解です。

　しかし，これでは，任意段階の「暴行していない」旨の否認との整合性がありません。つまり，被疑者の供述は「殴っていない」と「1回殴った」という矛盾する2つのものが並列しており，どちらが真実の供述なのかが分かりません。もしかすると，逮捕後の供述のほうが後なので，正しいのではないかと考えた方がいるかもしれませんが，後からの供述のほうが真実だという理由を合理的に説明できますか。できないはずです。最初に本当のことを供述した人間が後から嘘をつくことはいくらでもあります。ですから，供述の先後は関係ありません。確かに，供述内容を比べたときに，被疑者が事実でもないのに自己に不利益な供述はしないという経験則はありますが，必ずしないわけでもありませんから，この2つの供述は，このままではほぼ等価値のまま併存してしまい，どちらが被疑者の

真実の供述なのかが分からないわけです。

　先ほどの**調書例（悪い例）**がなぜ悪いのかといえば，この内容では，この供述のほうが前の暴行を否認した供述よりも真実であるということが，調書からは分からないからです。

　では，その点を明らかにするために何をどのように聞けばいいのでしょうか。

　被疑者が1回だけ叩いたと供述したわけですから，まずは，叩くという暴行の事実を被疑者が任意に供述していることを，きちんと録音録画に残すための質問をすべきでしょう。

　※  ＝取調官， ＝被疑者を示します。

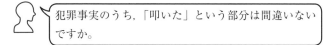

犯罪事実のうち，「叩いた」という部分は間違いないですか。

はい。

となるでしょう。

　そして，「叩いた」という事実が押し付け等ではなく，被疑者の記憶に基づく任意の供述であることを確認するために，叩いた状況を具体的に聞いていきましょう。ここでも，まずは限定を付けずにオープンに，

叩いたときの状況を説明してもらえますか。

などと質問し，自発的に具体的な状況を説明させましょう。

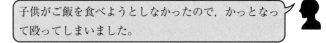

子供がご飯を食べようとしなかったので，かっとなって殴ってしまいました。

　殴るというのは，拳骨なのか平手なのか分かりませんので，

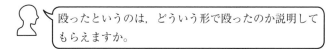

殴ったというのは，どういう形で殴ったのか説明してもらえますか。

向かい合った状態から左手の平で子供の右頬を叩きました。

平手で叩いたとしても，次に強さが問題となりますが，

 強さはどれくらいですか。

と聞いても，強さは非常に主観的な評価であり，客観的に１〜10のような点数で評価できるものでもありませんから，この質問では被疑者は何と答えていいか分からないと思いますし，この問いに無理に答えようとすれば，

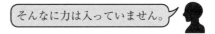 そんなに力は入っていません。

などと何とも排斥しがたい消極的な供述だけが残ってしまいます。

　これは被疑者が嘘をついているというより，人間の自然の感情として，「強さは」と聞かれれば「そんなに強くはないです。」と言いたくなるのもやむを得ないと思います。この質問に対し「思いっきり手加減なくひっぱたいてやりましたわ。」などと供述する被疑者はあまりいないのではないでしょうか。つまり，「そんなに力は入っていない。」という供述を誘導してしまう点で発問が不適切なわけです。

　取調官としては感情的になっていて手加減なく殴ったのだという事実を確認したいわけですから，

 手加減はしましたか。

と聞くほうが適切でしょう。

　確かにこの質問にも，

 ええ。手加減しました。

との回答は想定しなければいけませんが，この答えに対しては，

 なぜ手加減したのですか。

と手加減の理由を更に問うことができます。

　そして，この発問により，かっとなっていたのに手加減をしたという矛盾を明らかにすることができるとともに，答えが何であれ，

> なぜ手加減ができるのに叩くのはやめられなかったのですか。

という質問で「詰み」になるはずです。手加減ができるだけの心理状態であれば，そもそも殴ることも抑えられるはずだからです。

　このように，1回殴ったという被疑者の供述を，その理由や態様を具体的に被疑者の口で語らせることによって，「1回叩いた」との自白が誘導や押し付けによるものではない任意の供述だと証拠化することができます。

　そして，次に，供述の変遷について確認していくことになります。

　この順序は非常に大切ですから確認しておきますと，被疑者から，

> 1回叩きました。

との供述が弁解録取で初めて得られた場合，まずは，「1回叩いた」という被疑者の供述を具体化させるような発問をすべきです。なぜなら，「1回叩いた」という供述が任意の具体的な供述であって初めて，「叩いていない」との供述との変遷を吟味する意味があるからです。

　しかしながら，「1回叩いた」という供述が出たことに驚いたり飛びついてしまうと，

> 逮捕前は叩いてないと言ってなかったか。

などという質問をしがちです。この場合，

> それは嘘でした。1回叩きました。

と供述するかもしれませんが，見方によっては，結論として，「1回叩いた」という結論を固めておいて，「1回叩いた」状況を説明するように仕向けているようにもとられかねません。

ですから，「1回叩いた」という供述が初めて出たのであれば，「え？　そうなの。詳しく聞かせて。」という態度で，出た供述を膨らませる発問を先にするのが妥当です。

　ましてや，この段階で目撃者の子供の供述を前提に，

1回じゃないだろ。よく思い出せ！

などとせめ立ててしまうのは取調べ技法としては稚拙だと言わざるを得ません。

　「1回叩いた」という自白の証拠価値を高める前に，被疑者との人間関係を破壊し，その口を重たくしてしまう可能性があり，得られるものはほとんどないと思われます。

　そうではなく，情で迫るのであれば，

よく話してくれたな。勇気がいったろう。

などと，否認していた事実を曲がりなりにも認めたという事実をほめてあげましょう。そうすれば，本当は複数回叩いた自覚のある被疑者であれば，「1回」という嘘に対し自分をほめてくれた取調官に少なからず罪悪感を感じ，きちんと自白しようという動機付けを与えることにつながることが期待できます。

　さて，1回叩いた事実を具体的に供述させた後ですが，前の否認供述よりも現時点での供述が真実であることを説明させる必要があります。

1回叩いたのは分かりましたが，前回は何と言ってたっけ。

叩いたことはなく，子供がベッドに頬を打ち付けたと話しました。

などと，前回との変遷の事実を被疑者自身に語らせた上で，

なんで以前は，ベッドに打ち付けたなどと説明したのですか。

と前の供述をした理由を確認しましょう。

叩いていないと嘘をつけば，ばれずに逮捕されないと思っていました。

なんで本当のことを話そうと思ったの。

逮捕されて，嘘をついても仕方がないと思いました。

　このように，前の供述が嘘であることと，そのような嘘をついた理由を確認し，録音録画においても被疑者の口で語らせましょう。

　ところで，目撃者である子供は「2回叩いた」と供述していますので，1回叩いたという供述をそのまま鵜呑みにするわけにはいきませんし，調書にそのまま録取すべきでもありません。

　そこで，

ところで，回数についてはなんで1回だといえるのか。

回数は明確に覚えています。

などと，回数についての疑問を問いの形で発問しておく必要があります。

　ただ，目撃者である子供の供述の信用性との兼ね合いで，「2回」を前提とした問いを発することは控えるべきです。例えば，

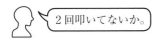

2回叩いてないか。

などと聞いた場合，取調官が何らかの証拠から「2回」だと思っていると伝えるようなものですから，被疑者に「あなたの子供は2回と供述しているよ。」と伝えているのと同じであり，児童虐待の事案では，かかる質問は厳に慎むべきです。

　あくまでも，

回数については間違いないか。

程度の質問で疑問を呈しておけば足りるでしょう。

　児童虐待事案に限らず，被害者や共犯者等他人の供述を前提として，その事実を当てるような質問は，本人の記憶を引き出そうとするものではなく，誘導ですから，基本的には控えるべきです。ましてやそれが，供述した人間が児童虐待事案の児童に限定され特定されるような場合には，被疑者に逆恨みの原因を与えることになりかねませんので特に注意が必要です。

　もっとも，共犯事件等の場合には，一通り供述を引き出す努力をした後に，共犯者供述を当てた上，供述態度及び供述内容を吟味することは許されるでしょう。

　以上を前提に，警察における弁解録取の調書例を示しておきます。

調書例（参考）

　1　私が被害幼児の右の頬を正面から左手の平で殴ったことは間違いありません。

　2　ただ，回数は逮捕事実にある「複数回」ではなく，1回だけです。

　3　逮捕される前は，被害幼児を叩いたことはなく，被害幼児がベッドに頬をぶつけたなどと嘘をついていました。

　　暴行を加えていないと嘘をつけばその嘘がばれることはなく，逮捕されないと思っていたからです。

　　しかし，逮捕された以上嘘をついても仕方がないと思い，本当のことを話すことにしました。

　問　叩いた回数は1回で間違いないか。

　答　間違いありません。

のようになるでしょう。

　なお，最後の問答形式を入れることによって，読み手に対し，取調官は他の証拠に照らし，「1回」という自白には疑問を持っているということを伝えることができます。

　さて，警察段階の弁解録取で暴行の事実を認めた被疑者は，検察官に対する弁解録取において，「複数回叩いたことは間違いありません。」と供述内容をさらに変遷させました。

　この場合，取調官として検察官は，どのような発問からすべきでしょうか。

　先ほど説明したように，まずは，

複数回叩いた状況を詳しく説明してもらえますか。

と出てきた供述を拾い，オープンにそれを広げるような質問をすべきです。
　先ほどと同じく，ここで変遷した事実に関し，

 警察の弁解録取では１回叩いたと話していませんでしたか。

という質問も考えられますが，まずは，本人が何も誘導していないのに話す内容をきちんと録音録画の下で話させることが大事です。

 複数回叩いた状況を詳しく説明してもらえますか。

 向かい合った状態で被害幼児にご飯を食べさせようと，右手に持ったスプーンをその口に近付けたところ，そっぽを向かれたことに腹が立ち，「ちゃんと食べろ。」という気持ちで，空いていた左の手で被害幼児の右頬を叩いてしまいました。

 それから。

 もう一度食べさせようと，右手に持ったスプーンを口元に運んだのですが，今度はそれを手で払いのけられてしまい，かっとなって２発目を殴ってしまいました。

 それから。

 そうしたところ，被害幼児がわっと泣き出したので，「やりすぎた」と思い，止めました。

　このように，まずはオープンに被疑者に語らせましょう。取調官は何も誘導せず，ただ，「詳しく教えて」という態度で話しやすい雰囲気を作ればよいのです。
　録音録画においては，そのような状況で被疑者が何をどこまで話すのかを記録すること自体に大きな意味があるのです。
　この辺りの発問の技術は，司法面接の手法と同じではないでしょうか。

さて，２回叩いたという事実が被疑者の口から語られ，それが被疑者の年上の子（10歳）の「パパが２回叩いた」旨の供述と整合的ですから，現時点での証拠上，この自白は真実のものであると認定してよいでしょう。

　そこで問題は，警察段階の弁解である，

問　叩いた回数は１回で間違いないか。

答　間違いありません。

という調書の記載をどのように説明させるかが問題となります。

　先ほどと同じく，被疑者の両供述を比べただけでは，警察段階の「１回叩いた」という供述と検察段階の「２回叩いた」という供述のどちらが正しいかは判断できません。

　そこで，

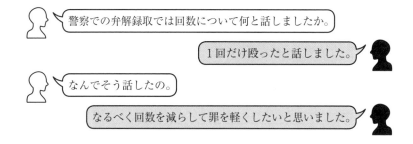

次の発問が大切ですが，

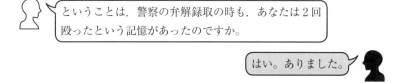

　この発問が大切な理由は，被疑者は，警察の弁解録取の段階では殴ったのは１回だと思っていたのか，それとも２回だと思っていたのかにより，前者であれば，警察段階の「１回」の弁解は嘘をついたわけではなく，忘れていたものを検察段階で思い出して「２回」との供述に変更したことになるのに対し，後者であれば，警察段階の「１回」の弁解は意図的な嘘の供述をしたということになりますから，

いずれなのかによって警察段階での供述の意味が異なるものになるからです。

　そして，この問いの前の被疑者の答えである「なるべく回数を減らして罪を軽くしたいと思いました。」という供述は，素直に聞けば，殴ったのは2回という記憶がありながら「1回」と虚偽の弁解をしたという意味でしょうから，念のため，そこを明確にする意味で，誘導質問を使って警察の弁解録取時にも2回殴ったという記憶が被疑者にあった事実を確認しています。

　その上で，なぜその弁解を維持しなかったのかを確認します。

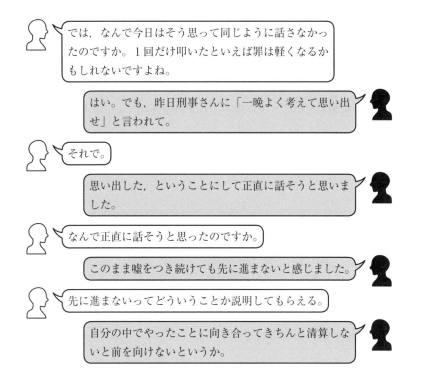

では，なんで今日はそう思って同じように話さなかったのですか。1回だけ叩いたといえば罪は軽くなるかもしれないですよね。

はい。でも，昨日刑事さんに「一晩よく考えて思い出せ」と言われて。

それで。

思い出した，ということにして正直に話そうと思いました。

なんで正直に話そうと思ったのですか。

このまま嘘をつき続けても先に進まないと感じました。

先に進まないってどういうことか説明してもらえる。

自分の中でやったことに向き合ってきちんと清算しないと前を向けないというか。

　最後の問いは，その前の「先に進まない」との答えが，万が一にも「警察において『正直に認めないと，ずっと手続が進まず家にも帰れないからな。』などと言われた。」などという供述が出ないことの確認の意味で聞いています。

　この辺りまで変遷の理由が供述されれば十分ですので，勇気を出して事実を話した被疑者に対し，

これで，将来のこともきちんと考えられるな。

などとその点を素直に評価してあげるといいのではないでしょうか。「調書時代」に言われた「取調べは人間関係の構築」というのは，こういった何気ない細かな思いやりのことを指すのではないでしょうか。その意味では，録音録画時代においても，「取調べは人間関係の構築」が大切であり，録音録画をしたからといって，それが不可能になるような性質のものではないのだと考えられます。

　そして，

> これからは，嘘をつかずに正直に話してくれるってことでいいな。

> はい。

と，被疑者を信用していることを伝え，以後の取調べについても，正直に話をするように促しておくとよいでしょう。

　検察段階における弁解録取の調書は次のようになります。

調書例

　1　私は，犯罪事実のとおり，被害幼児を複数回叩きました。

　2　警察の弁解録取においては，殴ったのは1回だけだと話しました。
　しかし，本当は2回殴りました。
　警察では，少しでも自分の罪を軽くしたいという気持ちがあり，1回しか殴っていないと嘘をつきました。
　でも，刑事さんに「一晩よく考えて思い出せ」と言われ，一晩よく考えて正直に話すことにしました。
　正直に話さなければ将来のことを真剣に考えられないような気がしたので，正直に話して過去をきちんと清算しようと思いました。
　これからは，嘘をつかず，よく思い出して正直に話していきたいと思います。

　さて，この事件の被疑者に前科・前歴はなく，まだ20代の若者でした。事実は認め反省し，二度と子供に手を上げないと取調べにおいても誓約しました。そして，弁護人と連名で，①今回の事実を認め反省する，②児童相談所と相談し，その指導に従う，③児童相談所の了解が得られるまでの間，妻子とは別居する旨の

誓約書を弁護人を通じ提出してきました。

　検察官としては，暴行態様も比較的軽微であり，前科前歴のない若者であることから，子供たちに対する再犯のおそれさえ除去できれば起訴猶予処分が相当ではないかと考えましたが，弁護人を通じた誓約書に当面妻子と別居し，児童相談所の監督に服すとありましたので，この事実を確認した上で起訴猶予にすることにしました。

　この状況で，処分を被疑者に伝える最後の取調べで気を付けることは何でしょうか。

誓約書を提出しましたね。内容に間違いはないということでいいですか。

はい。

　このような問答の結果，

調書例

　　私は，弁護人を通じて提出した誓約書のとおり，誓約内容を守ります。

という調書ができたとします。

　「調書時代」であれば，この調書を読んだ人は，被疑者が誓約書の内容をきちんと理解した上で，誓約書の記載どおり約束を守るのだろうと考えます。

　ですから，上記のような問答でもその問答の問題点は認識されにくかったと思います。

　しかしながら，「録音録画時代」においてはそうはいきません。何が問題かというと，取調べにおいて，誓約書の記載内容を被疑者に語らせておらず，被疑者が誓約書の内容を自ら理解し誓約しているのかどうかが分からない点です。

　その問題を解消するため，本来は，

弁護人を通じて誓約書を提出しましたか。

はい。

誓約書の内容は，きちんと理解した上で，その約束は
守るということで聞いていいですか。

はい。

と，誓約書を出したこと，その内容を理解して約束を守ることを確認した上で，
重要な次の問いを発します。

では，誓約する内容を教えてください。

……

　被疑者の中には，とにかく起訴猶予になって釈放されたいという気持ちから弁
護人に言われたとおり，特に中身も吟味せずに形だけの誓約書を出す者も少なく
ありません。
　ですから，前の２つの概括的な質問で，内容を理解して誓約書を出した旨の供
述をさせ，外掘りを埋めた上で，「さぁ説明してごらん，どんな誓約をしたのか
を。」とオープンに投げかけ，被疑者の反応と供述内容を録音録画に記録しま
しょう。
　もちろん，被疑者がきちんと説明できればそれが一番いいことです。
　しかし，できなければ，

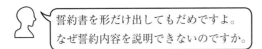

誓約書を形だけ出してもだめですよ。
なぜ誓約内容を説明できないのですか。

などと説明できない理由を明らかにさせましょう。
　そして，

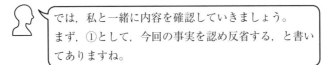

では，私と一緒に内容を確認していきましょう。
まず，①として，今回の事実を認め反省する，と書い
てありますね。

はい。

あなたが書いたということで間違いないですか。

はい。

では，「今回の事実を認め反省する」とはどういう意味ですか。

被害幼児の頬を2回叩いた事実を認めて反省し，二度と子供に手を上げないということです。

②として，児童相談所と相談し，その指導に従う，とありますね。

はい。

これもあなたが書いたということで間違いないですか。

はい。

では，これはどういう意味ですか。

児童相談所には，子供との同居をしないように言われており，同居するなら被害幼児を一時保護すると言われています。ですから，児童相談所の指導のとおり，釈放されても子供たちとは同居せず，今後のことを児童相談所と相談しながらその指示に従って決めていきます。

③として，児童相談所の了解が得られるまでの間，妻子とは別居する，とありますが，これは今説明してくれた内容と同じ意味ですかね。

はい。

今の3点の約束はきちんと守れますか。

はい。

このように録音録画に記録するとよいでしょう。要するに、録音録画の下、誓約書の内容のとおり改めて誓約させ記録に残すわけです。そうしておけば、調書は先と同じく、

調書例

　私は、弁護人を通じて提出した誓約書のとおり、誓約内容を守ります。

でも構いません。
　録音録画時代の取調べにおいては、調書の内容よりも取調べの内容がより重要だということがお分かりいただけたのではないでしょうか。

コラム ● ● ● 問答形式で録取する場合

　本講の、警察における調書例においては、被疑者が幼児を叩いた回数については、
問　叩いた回数は1回で間違いないか。
答　間違いありません。
と、質問と答えをそのままの形で録取するいわゆる「問答形式」としています。
　これに対して、
　私が叩いた回数は1回で間違いありません。
と録取する方法は、「物語形式」又は「平文形式」などと呼ばれます。
　物語形式は、読み手にとって内容が頭に入りやすいというメリットがあります。
　他方、問答形式には、質問と答えを忠実に記録することができるというメリットがあると一応は言うことができますが、調書は、色々と質問をした取調べの結果を最後にまとめるものですから、調書の形式が問答形式になっていたとしても、必ずしも質問と答えを忠実に再現できるとは限りませんし、そもそも、録音録画をしているのであれば、質問と答えは正確に記録されますから、改めて問答形式で調書に記録する必要はありません。
　それにもかかわらず問答形式を使用する意味は、被疑者等の供述内容が他の証拠関係に照らして信用できない場合に、調書上、その旨を明らかにするところにあります。

今回の事例でも，他の児童の目撃供述から，被疑者が被害児童を叩いた回数は2回ではないかという可能性を念頭に置いているため，弁解録取時点の「叩いた回数は1回で間違いありません。」という被疑者の供述を「物語形式」で録取することはせず，あえて「問答形式」としているのです。

　逆にいえば，検察官が，「物語形式」で調書を録取するということは，その内容は真実であると認定しているという意味を持ち得るのです。

　真実だと確信を持てない内容は「物語形式」では録取しない。

　しかし，きちんと「物語形式」の調書が作成できるような取調べをする。

　そういう気概を持って取調べに臨むことが大切だと思います。

　なお，調書の形式をどのようにするかは，具体的な事案ごとに検討すべきものですし，第一次捜査機関である警察等の取調べにおいては，被疑者等がどのような供述をしているかを記録し，送致記録を通じて検察官等に正確に伝える必要がありますから，その信用性の吟味をひとまず置いておいて，具体的な供述内容を「物語形式」で録取する必要もあります。

　そのような警察等の調書があるからこそ，検察官は，真実だと確信を持てない内容を録取しないことが可能になるという面があるのです。

第4講
覚醒剤自己使用等
～手続が争われやすい事件における注意点

ここがPOINT
罪体のみならず，手続についても「事実」を確認し，弁解の有無を明らかにすること

はじめに

弁解録取手続は，取調官が最初に取調室で被疑者の話を聞く場面であり，被疑者との間合いをはかる上で重要ですし，その後の捜査の方針を決める上でも決定的に重要な場面です。

弁解録取の適否がその後の捜査の適否を決めると言っても過言ではないと思います。

そこで，本講では，いくつかの仮想の事例を挙げながら弁解録取手続の重要性及びそれに対応した「録音録画時代」の取調べについて検討したいと思います。

設 例

被疑者は，白昼，繁華街を足をもつれさせながら歩いていたところを警察官に職務質問され，所持していた鞄の中から覚醒剤が発見されたことから現行犯人逮捕された。その後，被疑者が任意に提出した尿から覚醒剤反応が出た。

弁解録取時において確認すべき事柄はどんなことか。

検 討

覚醒剤の「所持」については，職務質問の際に被疑者が所持していた鞄から発見されていますし，覚醒剤の「使用」についても，尿から覚醒剤反応が出ていれば，その間接事実の推認力により，基本的には証明十分ですから，それ以上に弁解録取段階で自白を詳細に録取する必要はありません。

覚醒剤の入手経緯，使用日時，使用場所，使用方法などを詳細に録取しても構いませんが，裏付けのない話になりますので，詳細に録取するリスクは自覚する必要があります。

　　事実は間違いありません。

　そうすると，この調書例のように，「犯罪事実は間違いない」とだけ聞いて録取すれば足りるようにも思えます。
　しかし，「所持」の事実については，覚醒剤が適法に押収されていることが立証の前提になりますし，「使用」の事実については，尿が適法に押収されていることが立証の前提になります。

　※ ＝取調官， ＝被疑者を示します。

　先ほどの調書の内容では，

> 私は，覚醒剤を所持していた事実は認めますし，覚醒剤反応が尿から出たことも争いません。
> ただ，警察官が私の承諾なく，鞄を開け，中の物を取り出して覚醒剤を探し出した行為は違法だと思います。

というような弁解を許す余地を残してしまっています。
　要するに，犯罪事実は争わないものの，覚醒剤の押収手続及びその後の採尿手続の適法性を争う余地があります。
　そこで，弁解録取時において，

と確認した上で，各押収手続が適法であったことを確認する必要があります。
　ここで，

覚醒剤が発見された手続に何か違法はあったの。

などと聞いてはいけません。

　適法か違法かは評価であって，被疑者が判断すべきものでも，判断できるものでもないからです。

　仮に，

適法でした。

と答えたとしても何の意味もありません。

　そうではなく，「手続の適法性」という要証事実を念頭に置いた上で，その有無を判断するための間接事実を事実として聞いていく必要があります。

まずは所持の事実について聞くけど，あなたは鞄の中に覚醒剤を持っていたということでいいの。

はい。

なんで鞄の中に持ってたの。

その前の日に公園で使って，残りを鞄に入れてました。

そうしたら警察官に声を掛けられたの。

はい。

なんて。

ちょっと，話を聞かせてもらえるかって感じで。

で，何聞かれたの。

身分を証明するものを持っているかとか，どこに行くのかとか。

それから。

免許証を出そうと思って手こずってたら，警察官が鞄の中見ていいか，と聞いてきて。

あなたはなんて答えたの。

どうぞって。

え，覚醒剤が入ってるのに。

覚醒剤は鞄の中のポーチの中に入れていたのでばれないといいなぁと思って。
中身を見せないのも疑われるでしょ。

じゃあ，中は見てもいいよ，と言ったわけね。

はい。

それから。

警察官がポーチから覚醒剤の入ったパケを見つけて。
「これなんだ」と聞かれて。

なんと答えたの。

覚醒剤ですと。

素直に認めたのね。

はい。

ところで，ポーチの中を見てもいいかとは聞かれたの。

「ポーチも開けるぞ」と言われました。

それで，なんと答えたの。

どうぞ，と。

覚醒剤が発見された後はどうなったの。

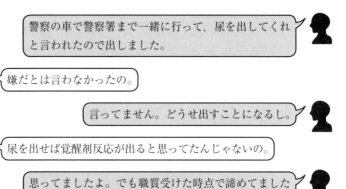

警察の車で警察署まで一緒に行って，尿を出してくれ
と言われたので出しました。

嫌だとは言わなかったの。

言ってません。どうせ出すことになるし。

尿を出せば覚醒剤反応が出ると思ってたんじゃないの。

思ってましたよ。でも職質受けた時点で諦めてました
から。抵抗しても無駄でしょ。

　こんなに素直な被疑者ばかりなら苦労はしないわけですが，ここでは，「各手
続の適法性」という要証事実を念頭に置き，「所持」の事実について，鞄の中を
警察官が見ることを被疑者が承諾したのかどうか，事実を聞き出そうとしている
わけです。

　その部分を振り返ると，

＜問答例１＞

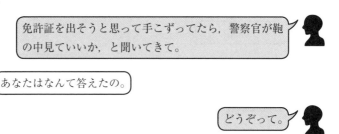

免許証を出そうと思って手こずってたら，警察官が鞄
の中見ていいか，と聞いてきて。

あなたはなんて答えたの。

どうぞって。

ということになります。

　あくまでも事実関係を聞き，警察官が「鞄の中見ていいか。」と聞き，被疑者
が「どうぞ。」と答えたという会話内容を供述させています。

　ここが大切なところで，あくまでも事実関係を聞くこと，その中で，警察官と
被疑者との会話の中身を聞くことが重要です。

　次の問答と比較してみれば，違いは明らかだと思います。

<問答例2＞

免許証を出そうと思って手こずってたら，警察官が鞄の中見ていいか，と聞いてきて。

あなたは承諾したの。

はい。

　先ほどの問答と同じように見えるかもしれませんが，**問答例2**の方は，取調官が「あなたは承諾したの。」という「承諾の有無」という「評価」を聞いてしまっており，被疑者もそれに「はい。」とだけ答えているため，「承諾」の根拠となる「事実」の中身を供述させることができていません。

　「承諾」というのは，「評価」であり，「承諾」の根拠となる事実には，「どうぞと答える」場合もあれば，「黙ってうなずく」場合もあるわけです。

　「承諾」くらいの日常的な「評価」であれば，被疑者自身が「承諾した」と供述していればそれほど問題にはならないと思いますが，「評価」を聞く極端な例で言えば，最初に挙げた「覚醒剤の押収に違法はありましたか。」という質問がそれであり，「違法はありませんでした。」といくら被疑者が述べても意味がないことは明らかでしょう。

　他方で，被疑者の弁解として，

調書例（悪い例）
　事実は間違いありませんが，手続には不満があります。

と弁解を聞いて録取しても意味がありません。

　第2講でも述べましたが，このような「評価」的な弁解では，何が争点になり，何がならないのか，「手続の適法性」を証明するためにいかなる捜査が必要なのか，全く分からないからです。

　手続に不満があるなら，不満の原因はどのような「事実」があったからだというのか，その「事実」を具体的に聞き出す必要があります。そして，その「事実」が，手続の適法性に影響を与えない「事実」なのであれば，録取して無視すればよく（主張自体失当），手続の適法性に影響を与える「事実」なのであれば，そこを詳細に録取した上で，「そのほかの点には不満はありません。」と録取して，

証明しなければいけない「事実」の対象を限定する必要があります。

　以上検討したように，覚醒剤の事案では，犯罪事実だけを聞いても，手続の適法性が明らかにならず，公判段階で手続を争うことを許すことにつながるため，弁解録取段階で手続の適法性を確認することが重要です。

　また，手続の適法性は「評価」ですから，適法性を判断する前提となる間接「事実」を具体的に聞き出し録取することが大切です。

　調書の内容は，次のようになるでしょう。

調書例（参考）

　1　事実はそのとおり間違いありません。

　2　私は，鞄の中を見ていいかと尋ねてきた警察官に対し，「どうぞ」と言って鞄の中を見せたところ警察官がその中のポーチを見つけました。

　　警察官は私にポーチを開けていいかと尋ねてきたので，私は「どうぞ」と言ったところ，警察官がポーチの中から覚醒剤を発見しました。

　3　その後，私は，警察官と一緒に警察署に行き，自分の意思で尿を警察に提出しました。

　　その尿からは覚醒剤反応が出たと聞かされて知っています。

　　私は，自分で覚醒剤を注射使用しましたので当然の結果です。

　覚醒剤事件では，自白事件であっても，手続の適法性が争われることはよくあることです。

　ですから，公判において手続の適法性が争点になる可能性の有無を見極めるために，弁解録取の時点で，手続の適法性に関する事実についても聞いておく必要があります。

　仮に具体的な事実主張があり，主張された事実が警察の捜査書類の記載と整合しないのであれば，捜査段階においてきちんと警察官から話を聞き，事実関係を捜査，整理しておく必要があります。

　もう1つ例を挙げます。

設　例

　被疑者は，某月某日某時刻，某所において，被害者の顔面を手拳で3回殴打し，加療約2週間を要する顔面打撲の傷害を負わせた。

　被疑者は，被害者と面識はなく，身に覚えがないとして犯人性を否認している。

弁解録取時において確認すべき事柄はどんなことか。

∙∙

検　討

　争点は,「犯人性」です。すなわち,被疑者＝犯人,と証明できるかどうかです。

　しかし,「犯人性」は通常「自白」では立証しません。ですから,仮に「犯人性」が争点となる場合,弁解録取で「犯人性」を基礎付ける,又は犯人性を推認させる事実を聞き出すことは通常は困難だと思われます。

私は犯人ではありません。
本件については何も知りません。

と言っている被疑者に事件のことを聞いても具体的な供述をするはずがないからです。

　もっとも,

某月某日某時刻,あなたはどこにいましたか。

某月某日某時刻,あなたは某所にいませんでしたか。

あなたは被害者と面識がありませんか。

などと,本件犯行日時にどこにいたか,犯行場所にいたことはないか,被害者と面識はないかなどを聞くことで,被疑者の供述態度,内容を録音録画に残し,被疑者にプレッシャーをかけることはできます。

　「録音録画時代」の取調べにおいては,特に否認事件において,「調書時代」であれば調書には表れることのなかった発問と答え,その際の被疑者の態度を記録し証拠化できるという大きなメリットがあります。

　仮に,事件に全く関与していないと被疑者が否認するのであれば,

逮捕された事実の意味内容は分かりましたか。

意味は分かりました。

何か間違ってることがありますか。

間違ってるも何も，私は被害者を殴ってませんし，その場にもいませんでした。人違いですよ。

某月某日某時刻頃はどこにいましたか。

そんなの覚えてるわけないでしょ。

記憶はないということでいいですか。

はい。

被害者の方とは知り合いですか。

全く知りません。会ったこともありません。

被害者の方は，某月某日某時刻，某所で男に顔面を3回殴られて加療約2週間の傷害を負ったということなんだけども，あなたは関係ないんだから，被疑者の方にそういう出来事があったという事実自体は特に争わないというか，そういうこともあったんでしょうねってことでいいですかね。

はい。

ただ，その暴行を加えたのはあなたではないということね。

はい。

などと問答した上で，

調書例（参考）

　　逮捕された事実の意味内容は分かりました。

　　しかし，私は，犯人ではありません。

　　被害者が，某月某日某時刻，某所で顔面を3回殴られ，加療約2週間の傷害を負ったという事実は，私には身に覚えのないことです。

このような調書を作成する前提として，被害者の供述内容については犯人性に関する部分以外は争わないということを聞いて確認することの賛否は分かれると思います。

　なぜなら，被疑者は犯人性を否認しており，被害者が被った被害については知らないと供述しているのですから，被害者が述べるような事実はあったのだと思う，などと推測を供述させても意味がないとも考えられるからです。

　しかし，私は，この質問には2つの意味があると考えています。

　1つ目は，

> 被害者の方は，某月某日某時刻，某所で男に顔面を3回殴られて加療約2週間の傷害を負ったということなんだけども，あなたは関係ないんだから，被疑者の方にそういう出来事があったという事実自体は特に争わないというか，そういうこともあったんでしょうねってことでいいですかね。

という発問に対する被疑者の反応を録音録画に残すことができます。

　設例では，被疑者は，

はい。

と供述し，特に被害者の供述の信用性を争う姿勢を見せていませんが，仮に被疑者が犯人であり，加療期間が約2週間と言われていることに不満を感じていたり，殴った回数が3回と言われていることに不満を感じていた場合には，

その場にいないんだから分かりません。

と強い態度で反発する態度を示すとか，

……

という反応があるかもしれません。

　前者は犯人でなくても想定される反応ですが，後者は回答に躊躇(ちゅうちょ)している被疑

者の様子を録音録画に残すことができます。

どんな反応があるかは分かりませんが，その反応を確かめ，録音録画に記録してみてもいいのではないでしょうか。

2つ目は，犯人性以外に争いはないということで進めるから，言いたいことがあるなら早めに言った方が身のためだぞ，と釘を刺す意味があります。

もちろん，被疑者の弁解を待たずとも，被害者の負傷部位の写真，診断書，再現状況，供述内容等から被害者供述の信用性は十分吟味する必要があり，それは被疑者の認否とは関係のないことであることは言うまでもありませんが，当初嘘をついていた人間の供述の信用性が相対的に低くなることは否めないでしょうから，何か納得のいかないことがあるなら，早めに正直に言わないと，被害者供述で事実を固められてしまうよ，その後に犯人性を認めて，あーでもない，こーでもないと弁解を始めたところで厳しいよ，と伝える意味があると思います。

もちろん，犯人性に関する証拠構造にもよります。

被疑者の自白がなくても，十分に公判でも犯人性を証明できるだけの証拠関係であるならば，

 では，犯人が誰かという点を除けば被害者の言っていることにあなたとしては異議はないな。

はい。

との問答を録音録画に記録しておけば，被疑者にプレッシャーを与えることができると思いますが，犯人性の証拠が薄い証拠関係であれば，同じ問答であっても，不起訴にした場合，結果的にこの問答は負け惜しみになってしまいます。

「録音録画時代」では，問答自体が大切ですが，その問答の良し悪しは，「証拠構造」との兼ね合いで決まるものです。

最後に，弁解録取手続は，被疑者の弁解をきちんと聞くことが大切であることを確認する意味で，ダメな取調べの例を検討しましょう。

設 例

スーパーにおける万引きの事案で，被疑者は，スーパーでチョコレートを盗んだ理由について，「盗め」という声に命じられたとの主張をした。

以下の問答の問題点は何か。

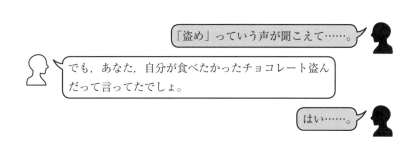

「盗め」っていう声が聞こえて……。

でも，あなた，自分が食べたかったチョコレート盗んだって言ってたでしょ。

はい……。

検　討

　被疑者の弁解が虚偽であることが明らかな場合や，被疑者の言動があまりに被害者の感情を逆なですると思われる場合に，取調官は時に厳しい態度で被疑者に接する必要があります。

　しかし，被疑者の弁解を論理的でない方法で押し潰してはいけません。

　お分かりだと思いますが，次の2つの事実は矛盾しません。

　　A　「盗め」という声が聞こえたこと

　　B　被疑者が食べたかったチョコレートを盗んだこと

　仮に，AとBが矛盾した両立し得ない事実であれば，Aと出た供述に対し，BとぶつけてBでしょとAを押し潰すこともできるかもしれません。

　しかし，本件では，「盗め」という声が「お前の好きなチョコを盗め」と言ったのかもしれません。そうすると，何かしらの精神の障害を原因とする「幻聴」に支配される形で犯行に及んだ可能性を排斥できません。

　ですから，先ほどの問答では，何ら弁解が排斥できていないばかりか，弁解内容をきちんと聞き取れていない点でダメな取調べです。

「盗め」っていう声が聞こえて……。

と出てきた供述に対しては，

「盗め」という声について詳しく聞かせてもらえる。いつ聞こえたの。なんと言われたの。

と出た供述を拾って，できる限り具体的な形で説明させるべきなのです。

排斥できない，又は対応が分からない弁解を恐れる必要はありませんし，恐れてはいけません。出るべき弁解を早期に出せなかったとしたならば，それは後の捜査の方針を誤らせてしまいます。

　公判が紛糾し長引くことで済むならまだましですが，起訴すべきでない人間を起訴することにもなりかねません。

　「録音録画時代」においては，取調官が弁解録取において被疑者から十分に弁解を聞き出せているか，その質が問われています。

コラム　・・・・　ダメな取調べ①

　本講の最後に取り上げた設例は，第13講の**設例1**及び第14講の**設例2**でも取り上げています。事例の具体的な内容はそちらをごらんください。

　被疑者は，過去にも気が付くと身に覚えのないものが部屋にあったことがあり，本件も自己に記憶のない行動であるなどと，責任能力が争点になり得る主張をしています。

　しかし，証拠構造上，①被疑者が，防犯カメラの死角に移動して，持参した手提げバッグに商品を入れて窃取したこと，②その一方で，被疑者は，ポテトチップスだけはレジで購入したこと，③保安員に声を掛けられた際，被疑者が「他の店で買ったものだ」と言ったことは，防犯カメラ映像，レジのジャーナル，保安員の供述から立証できます。

　そして，①は，被疑者の行動の合目的性を，②は，被疑者は犯行が露見しないように通常の客を装っていることを，③も，窃取した事実を前提に自己の行為の違法性を認識していることを示していますから，責任能力に問題はないでしょう。

　こういう事案でありがちなダメな取調べの例を挙げます。

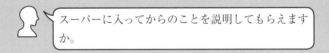

　スーパーに入ってからのことを説明してもらえますか。

　場面を限定し，オープンな質問をしているのは，よい入り方です。
　しかし，

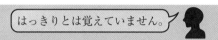はっきりとは覚えていません。

と出た供述について，次のように聞くのはよくありません。

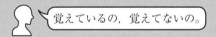覚えているの，覚えてないの。

「はっきりとは覚えていない」って言ってるやんか！と私が取調官を追及したくなります。

「はっきりとは覚えていない」という供述は，覚えているのか，覚えていないのかの二択であれば，「覚えていない」ということです。

その答えに対して，

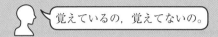覚えているの，覚えてないの。

と聞く意味はどこにあるのでしょうか。

被疑者がこれに答えなければならないとすれば，

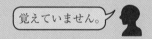覚えていません。

となるはずです。この答えに対し，取調官は，次にどのような問いを用意しているのでしょうか。

おそらく，何も用意していないはずです。

ただ単に「はっきりとは覚えていない」という供述の「はっきりとは」という言葉に反応して，「どっちなの」と聞いているにすぎません。

この質問は，何か事実を引き出すための「追及」ではなく，単なる言葉尻への反応であり，出てくる供述は「覚えていません」しかあり得ません。

質問している本人は，あいまいな供述をした被疑者を糺しているつもりなのだと思いますが，その結果は，自分の首を絞めるだけの稚拙な問いであると言わざるを得ません。

こういう質問をするのは，取調べが被疑者に「語らせる」ものであるという本質を理解していないことが原因だろうと思います。

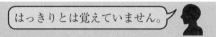
はっきりとは覚えていません。

と出た供述については,

そうか。じゃあ,覚えている範囲で説明してもらえる。

と,はっきりとではないものの「一部は覚えているのね。」という理解を前提として,どの程度記憶が残っているのかを確かめる質問をして供述を促すべきでしょう。

第 ② 章

被疑者調べについて

同僚のロッカーからクレジットカードを盗んだ窃盗
〜供述の信用性の検討方法

> **ここがPOINT**
> ①具体的に詳細を聞き，②客観証拠との整合性を確認する

はじめに

　ここまでの4講では主に「弁解録取」について検討しましたが，本講から被疑者の「取調べ」について検討します。

　「弁解録取」においては，弁解内容を具体的に聴取し，法令と証拠構造に照らして，弁解内容を整理することに主眼があるのに対して，「取調べ」においては，不合理な内容については追及を行い，何が事実なのかを「調べる」ことに主眼があります。

　被疑者の「取調べ」も「弁解録取」も手法は同じです。すなわち，「証拠構造」を念頭に置き，事実関係をオープンに問い，事実を供述させることが大切です。

　もっとも，「弁解録取」においては，押収済みの客観証拠や関係者の供述などとの整合性をひとまず置いておいて，被疑者が何を供述するのかをきちんと聞くことが大切でしたが，「取調べ」においては，供述を聞くだけではなく，客観的な物証についても内容を説明させ，その意味付けを行い，また，客観的な物証と矛盾する供述に対しては，追及する必要も生じます。

　「取調べ」においては，問いに対してなされた供述について，取調官は，押収済みの客観証拠や関係者の供述などに照らし，常にその「信用性」を吟味しながら，次の問いを発する必要があります。

　「取調べ」の肝は「信用性」の吟味であり，その前提として，事実を詳細に供述させる必要があり，ここに適切なコミュニケーションが求められます。

　また，事件と関係のない事実を根掘り葉掘り聞いても意味がありませんから，

「証拠構造」の適切な把握も必要となります。

　第1講で述べた「取調べとは，①的確に証拠構造を把握した上で，②適切なコミュニケーションを経て必要十分な『事実』を聞き取るもの」であるということになりますが，そこには「信用性」の吟味が不可分一体のものとして付随します。

　そして，「録音録画時代」においては，質問の内容から，取調官が適切に「信用性」を吟味しているかどうかも明らかになります。

　本講では，在宅被疑者の事件を設例として検討しましょう。

　設例は仮想のものであり，ここで述べる内容は私個人の意見であることはこれまでと同様です。

設　例

　被疑者（30歳，女性）は，某月8日，工場作業員のパート勤務を始めたが，翌9日，同僚のロッカー内の鞄の中の財布から，クレジットカード1枚を抜き取り窃取した。

　被疑者は，盗んだクレジットカードをガソリンスタンド，スーパー，インターネットショッピング等で使用した。使用額の合計は約6万5,000円である。

　同月13日，クレジットカードがなくなっていることに気が付いた被害者がクレジットカード会社に盗難被害を通知し使用を止め，警察に相談した結果，ガソリンスタンド等の防犯カメラ映像から被疑者が特定された。

　被疑者は任意の取調べにおいて事実を認め，同種余罪についても自供した上，余罪も含めて母親が弁償したことなどから検察官に在宅送致された。被疑者に前科・前歴はない。

　被疑者調べにおいて何をどのように聞くべきか。

検　討

　在宅事件では，弁解録取手続がありませんから，警察送致事件においては，被疑者が検察庁に出頭し，取調べを受けるときが，検察官と被疑者の最初の接点となるのが通常です。

なお，被疑者はパート勤務先の同僚の財布から現金やクレジットカードを盗む癖があり，本件犯行以外にも複数の余罪があり，被疑者はそれらの事実も認めていましたが，母親が全額弁償したこともあり，罪の意識が薄く，呼出しにはやや苦労しました。検察官の出頭要請の電話になかなか出ないため，何度か身柄引受人であった母親に連絡を取り，検察庁に電話をさせましたが，「もう警察に話して終わってますけど。」などと述べ，取調べ日時を指定した後も，「もう話すことはありませんので行けませんし，連絡をしないでください。」などという謎の葉書を検察庁に送ってきました。

　結局指定の日時に出頭してきましたが，この事案は，使用目的でクレジットカードを盗んだ上，数日にわたってクレジットカードを使用していること，その使用金額は6万円を超えていること，同種の余罪もあることなどから，弁償していたとしても公判請求が相当な事案であり，身柄送致でもよい事案だと思います。

　さて，その被疑者が取調室に入ってきました。

　取調べに際し，被疑者に対し，

① 　録音録画されていること

② 　黙秘権

③ 　弁護人依頼権

④ 　警察で供述した内容と同じことを話す必要はないこと

を説明することは在宅事件でも同様です。

　※ 😐 ＝取調官，😑 ＝被疑者を示します。

おはようございます。

おはようございます。

この事件を担当している検事の山田といいます。よろしくお願いします。
あなたが，この部屋に入ってきてから取調べを終えて退室するまで，取調べの様子は録音録画されていますのでご承知おきください。

はい。

名前を教えてください。

 （名前を答える。）

 生年月日を教えてください。

 （生年月日を答える。）

住所を教えてください。

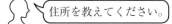 （住所を答える。）

 仕事は何かされてますか。

（職業を答える。）

 今日は，何か身分証明書をお持ちですか。

はい。（免許証を出す。）

 免許証のコピーを取らせてもらいますね。

はい。

 今日は，電話でも説明しましたが，あなたが犯した窃盗事件について詳しく聞かせてもらいます。

 はい。

 初めにあなたには大きく権利が2つあるので説明します。
1つ目は，黙秘権といって，言いたくないことを無理に言う必要がないという権利があります。ですから，これから私がいろいろ尋ねますが，答えたくないことがあれば黙っていてもいいし，「答えたくありません。」と答えてもらっても構いません。黙っていたり，「答えたくない。」と答えたとしても，それはあなたの黙秘権の範囲内ですから，あなたが何か不利益な扱いを受けるということはありません。安心してそのような態度をとるようにしてください。
ただね，嘘をついていい権利ではないので，言いたく

ないことがあるからといって，それを答えないために
積極的な嘘をつくことは黙秘権の範囲ではありませ
ん。ですから，仮にあなたが嘘をついてね，それが後
に嘘だと判明した場合には，あなたにとって不利な証
拠となる可能性がありますので，話すなら正直に話
す，話したくないなら黙秘をする，ということにして
ください。いいですか。

はい。

2つ目は，弁護人依頼権といって，法律の専門家であ
る弁護士さんを弁護人にして，助言をもらったり相談
する権利がありますので覚えておいてください。

はい。

黙秘権と弁護人依頼権について何か分からないことは
ありますか。

いいえ。ありません。

　ここまでが導入です。第1講でも詳しく導入部分を示しましたが，私はここの
導入部分は非常に大切だと思っています。

　もちろん，権利告知を分かりやすく丁寧に行うべきことは当然ですが，それに
加えて，被疑者に対して，その目を見ながら，ゆっくりと丁寧に権利を説明する
ことで，取調官は誠実に丁寧に事件を扱っているということを示すことができ，
被疑者に対していい加減な受け答えはしづらいと思わせることができると考える
からです。

　また，私は，なるべく声を張って明るく説明するように意識しています。取調
官によっては，敵対的な入り方をし，威圧的に早口に権利告知をする方もいます
が，実益はあまりないのではないかと感じています。

　中身に入りましょう。

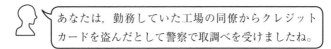

あなたは，勤務していた工場の同僚からクレジット
カードを盗んだとして警察で取調べを受けましたね。

はい。

警察と検察は，役割が異なる別の組織なので，警察で話したことと同じことを検察で話さなければいけないということはありません。
逆に，あなたが警察で一度聞かれて話した内容であっても，私は同じことを改めて聞きます。それは役割が異なる別の組織だからだということでご理解ください。

はい。

その上で聞きますが，警察であなたが話して調書にしてもらった内容について何か間違いとか，直してもらいたいこととか，不満とかありますか。

いいえ，ありません。

警察の調書の内容は，あなたが刑事さんに話した内容がそのまま記録されていて，あなたもその内容を確認して署名と押印をしたということでいいですか。

はい。

　ここまでは，身柄事件の弁解録取における認否の確認と同じです。警察における被疑者調べで被疑者は事実関係を全て認めていましたので，警察における供述内容が間違いないかどうかを初めに確認しています。

それでは，それを前提として聞きますが，あなたは，某月9日，同僚の被害者のクレジットカード1枚を盗んだとされていますけど，そのことに間違いはないですか。

はい。

と簡単に認否を確認してから入るのがいいと思います。
　もちろん，

いいえ。

という回答が出てきた場合の対応も想定しておく必要があります。

　仮に否認された場合も慌てることなく，まずは，オープンに，

どういうことか詳しく説明してもらえますか。

などと質問し，クレジットカードを盗んでいないという否認の内容を詳しく聞きましょう。

　ここで，

ん？　なんだって？　警察では認めてましたよね。

などといきなり追及から入ってしまうと，冒頭で説明した「④警察で供述した内容と同じことを話す必要はないこと」が口だけのものになってしまい，その場では，

すみません。本当は盗みました。

と供述したとしても，公判で再び否認に転じ，「検事さんにはやってないと言いましたが，警察では認めてただろ，と言われて聞いてもらえなくて。」などという主張を許すことになりかねません。しかも，その様子は録音録画されていますので，この「警察では認めてただろ，と言われて聞いてもらえなかった。」旨の弁解自体を排斥することは困難です。

　大切なことは，質問に対するあらゆる回答を念頭に置いた上で，どんな回答が出たとしても慌てないように心の準備をしておくことです。その上で，出た答えについてオープンに詳細を聞くという癖をつけていけば，取調べに余裕を持って臨めるようになるはずです。

　さて，被疑者について，動機から聞くという考え方もあると思いますが，私は，「罪体」＝「窃取行為」の核心から聞きます。

＜罪体について＞

まず，どのようにクレジットカードを盗んだのか説明してもらえますか。

被害者がロッカーに鞄を入れていて鍵をかけていないのを知っていたので，トイレに行くふりをして更衣室に入って取りました。

　ここは，被疑者がクレジットカードを盗んだのは間違いないという警察における取調べ内容を前提とし，「どのようにクレジットカードを盗んだのか。」と聞くことで，「罪体」の核心に場面を限定し，オープンに犯行態様を供述させる問いを発しています。

　そして，「トイレに行くふりをして，更衣室に入って取った。」という答えでは，「窃取行為」の態様が不明ですから，さらに詳細な供述を求める必要があり，次のように聞きます。

更衣室に入ってからのことを詳しく説明してもらえますか。

更衣室内の被害者のロッカーを開けて，中に入っていた鞄の中から財布を取り出しました。

それから。

財布を開けたらクレジットカードが入っていたので抜き取りました。

　ここまでで，「罪体」＝「窃取行為」の内容は，ロッカーの中から，鞄を見つけ，その中に入っていた財布からクレジットカードを抜き取り窃取したのだということが分かりました。

　しかし，ここで終わってはいけません。事実を平たく供述していますが，果たして記憶に基づく真実の供述なのか，「信用性」の吟味がなされていないからです。

　「信用性」の吟味は，①具体的に詳細を聞くこと，②客観証拠との整合性を確かめることによって行います。

まず，ロッカーについてですけど，被害者のロッカーはどこに位置していたか説明してもらえますか。

はい。更衣室に入って，右奥の奥から2番目で，私のロッカーの2つ横です。

　被疑者が本件犯人なのであれば，同僚のロッカーの位置は意識して記憶していたはずです。そこで，被害者のロッカーの位置について，①具体的に詳細を聞く質問をしました。そして，答えについては，現場の実況見分調書等の客観証拠を確認し，②客観証拠との整合性を確かめます。

　ロッカーの位置関係については，実況見分調書等で既に特定されていますが，取調官が把握している事実をあえてオープンに聞いて説明させることで，被疑者の供述態度を見極めることができます。

　すなわち，

更衣室に入って，右奥の奥から2番目で，私のロッカーの2つ横です。

との答えが，客観的な証拠と整合していれば，被疑者は記憶がきちんと保持されており，正直に供述している，と判断できます。

　これに対し，実際は，被害者のロッカーが被疑者のロッカーの5つ横だったとすれば，被疑者の記憶がきちんと保持されていないか，正直に供述する気がないのではないか，ということを考えなければなりません。

　そのような見極めをするためにも，取調官は，裏の取れている客観的な事実関係を頭に入れた上で，事実関係をなるべくオープンな形で質問し，出た答えを吟味する必要があります。

　そうではなく，

あなたが財布を盗んだロッカーは，更衣室に入って，右奥の奥から2番目で，あなたのロッカーの2つ横でしたね。

はい。

と誘導してしまったのでは，被疑者供述の「信用性」を吟味する機会が失われてしまいます。

オープンな質問を重ねてなるべく，①具体的に詳細を聞き出すことで，捜査機関がそれまで把握していなかった事実，すなわち「秘密の暴露」が結果として得られれば，その自白の「信用性」をさらに高めることができます。

もっとも，「秘密の暴露」供述は，取調官が事前に「秘密の暴露」を想定して，それを聞き出すような性質のものではなく，あくまでも事実関係を詳細に聞き取る中で結果として得られるものであると思います。

ここで，なぜ「その」同僚のロッカーを狙ったのかを確認しておきます。

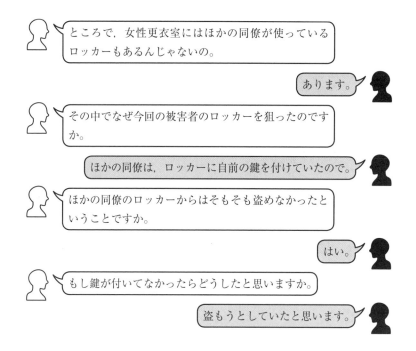

ところで，女性更衣室にはほかの同僚が使っているロッカーもあるんじゃないの。

あります。

その中でなぜ今回の被害者のロッカーを狙ったのですか。

ほかの同僚は，ロッカーに自前の鍵を付けていたので。

ほかの同僚のロッカーからはそもそも盗めなかったということですか。

はい。

もし鍵が付いてなかったらどうしたと思いますか。

盗もうとしていたと思います。

このように具体的に掘り下げていくと，供述内容がより迫真的になるのがお分かりいただけると思います。

続けて，鞄についても，①具体的に詳細を聞きます。

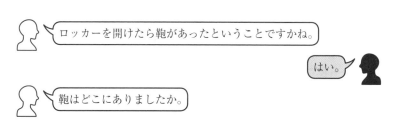

ロッカーを開けたら鞄があったということですかね。

はい。

鞄はどこにありましたか。

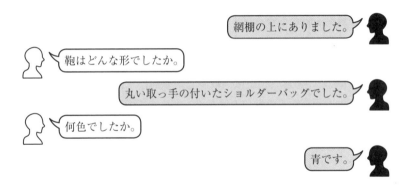

　実況見分調書なり，写真撮影報告書で証拠化されている鞄の置かれた位置，鞄の形状，色を確認し，②客観証拠との整合性を確認します。

　さらに，財布についても，①具体的に詳細を聞きます。

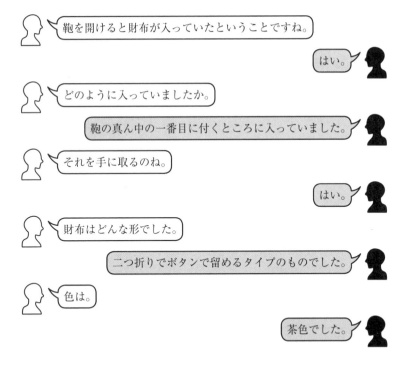

　同様に，写真撮影報告書で証拠化されている財布の形状，色を確認し，②客観証拠との整合性を確認します。

　さらに，財布の中身についても，①具体的に詳細を聞きます。

財布を開けたのかな。

はい。

それを開いたら中に何があった。

クレジットカード。

何枚。

1枚だけだったと思います。

どんなカードでしたか。

パンダの絵が描いてありました。

ほかに財布に何か入ってましたか。

あまり覚えていません。

ほかの物をあまり覚えていないのはどうしてですか。

クレジットカードを盗めれば十分でしたから。

現金は財布に入ってましたか。

札はありませんでした。

札があればどうしてましたか。

枚数にもよりますけど，盗んでいたと思います。

枚数によるというのはどういう意味ですか。

たとえば，千円札が6，7枚あれば1枚くらい盗んでもばれないと思いますけど，2枚しかなかったら1枚盗んだらばれちゃいますよね。

じゃあ，札を1，2枚盗んでも目立たない場合には盗んだと思うということですか。

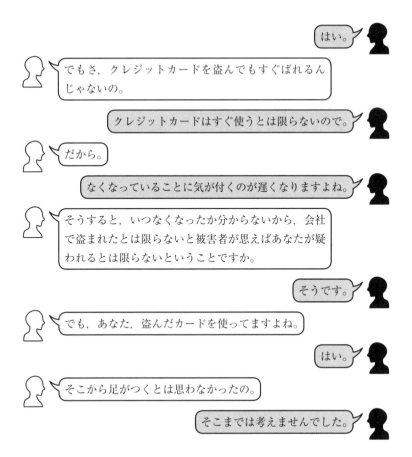

はい。

でもさ，クレジットカードを盗んでもすぐばれるんじゃないの。

クレジットカードはすぐ使うとは限らないので。

だから。

なくなっていることに気が付くのが遅くなりますよね。

そうすると，いつなくなったか分からないから，会社で盗まれたとは限らないと被害者が思えばあなたが疑われるとは限らないということですか。

そうです。

でも，あなた，盗んだカードを使ってますよね。

はい。

そこから足がつくとは思わなかったの。

そこまでは考えませんでした。

　ここまでは，基本的に取調官が把握している事実関係を被疑者に語らせて確認をしています。被害者の財布の中から現金を盗まなかった理由につき，現金がなかったから盗めなかっただけで，複数の札が入っており，数枚盗んでもばれないような状況であれば盗んでいたという供述を得た時点で，被疑者は基本的にきちんと自白をしているという心証を得ることができます。なるべく自分の罪を軽く見せようという意図があれば，札を盗むつもりはなく，札が入っていても盗まなかったと供述することもできたはずだからです。

　このように，取調官が把握している事実についても事実をオープンに聞き，なるべく具体的に供述させることによって，供述の「信用性」を吟味することができるわけです。

　このような作業をせず，被疑者が概要を認めた後に，

あなたのロッカーの２つ横のロッカーを開けて，丸い取っ手が付いた青い鞄の中から，茶色い二つ折りの財布を取り出し，中からパンダのマークが入ったクレジットカードを盗んだことに間違いないですか。

はい。

と，全て誘導してしまったのでは，被疑者供述の「信用性」を吟味することができません。

　なお，被疑者の供述内容は，客観面は全て取調官に既知の内容でしたが，被疑者の心の中，すなわち，主観面は被疑者のみが具体的に語れる内容です。ですから，被疑者供述の「信用性」を見極めるために，心の中をどれだけ具体的に供述するかというのが１つのメルクマールになります。そのため，客観面（事実関係）の詳細を聞くとともに，その都度，その時の主観面（心情）を聞くというのは１つの技術です。

　ここまでが「罪体」＝「窃取行為」についてですが，①具体的に詳細を聞くこと，②客観証拠との整合性を確かめることによって，その供述の「信用性」を吟味しているわけです。もっとも，本来は，被害者のロッカーの位置，ロッカー内の鞄があった位置，鞄の形状，鞄の中の財布の位置，財布の形状など証拠化されている客観的な状況は頭に入れておき，①具体的に聞くのと同時に，②客観証拠との整合性を確かめられるようにあらかじめ準備をしておくのが理想です。

　「罪体」＝「窃取行為」についての事実を聞き取り，「信用性」にも問題はありませんでしたので，次に「重要情状事実」について聞きます。本件では，動機と窃取後のクレジットカードの使用状況が大切ですが，「窃取行為」について聞きましたので，その後のクレジットカードの使用状況について聞く方が流れがよいでしょう。

　ここで，

ところで，なんで同僚のクレジットカードを盗んだの。

と動機を聞いてみても，被疑者は窃取したクレジットカードを使用していることは証拠上明らかですから，

使うため。

となるに決まっており，そうであれば，

> クレジットカードを盗んだ後，どうしたか説明してもらえますか。

という問いで質問した方が，犯行後の状況を聞けると同時に動機の聞き取りにもつなげる流れが出ると思います。

＜犯行後について＞

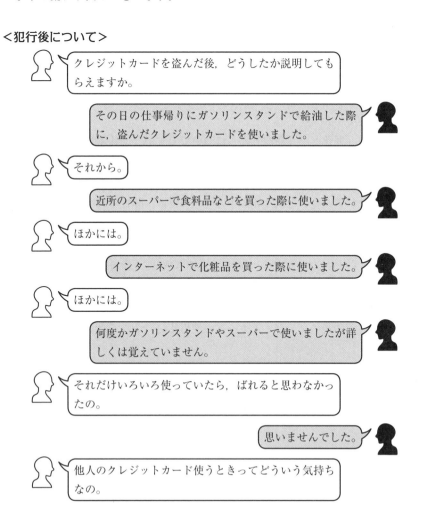

> クレジットカードを盗んだ後，どうしたか説明してもらえますか。

その日の仕事帰りにガソリンスタンドで給油した際に，盗んだクレジットカードを使いました。

> それから。

近所のスーパーで食料品などを買った際に使いました。

> ほかには。

インターネットで化粧品を買った際に使いました。

> ほかには。

何度かガソリンスタンドやスーパーで使いましたが詳しくは覚えていません。

> それだけいろいろ使っていたら，ばれると思わなかったの。

思いませんでした。

> 他人のクレジットカード使うときってどういう気持ちなの。

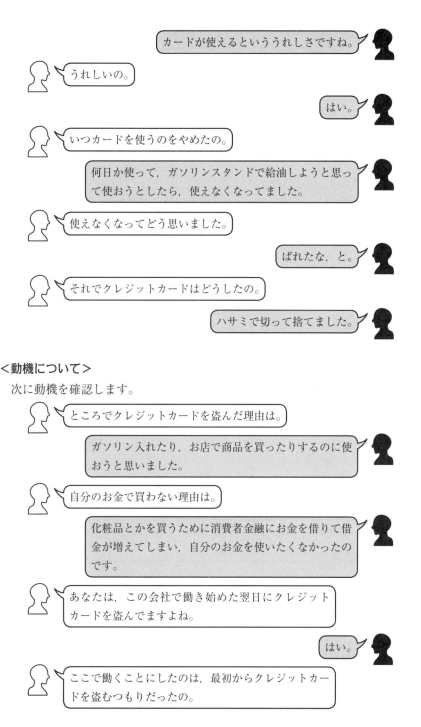

> カードが使えるといううれしさですね。

> うれしいの。

> はい。

> いつカードを使うのをやめたの。

> 何日か使って，ガソリンスタンドで給油しようと思って使おうとしたら，使えなくなってました。

> 使えなくなってどう思いました。

> ばれたな，と。

> それでクレジットカードはどうしたの。

> ハサミで切って捨てました。

＜動機について＞

次に動機を確認します。

> ところでクレジットカードを盗んだ理由は。

> ガソリン入れたり，お店で商品を買ったりするのに使おうと思いました。

> 自分のお金で買わない理由は。

> 化粧品とかを買うために消費者金融にお金を借りて借金が増えてしまい，自分のお金を使いたくなかったのです。

> あなたは，この会社で働き始めた翌日にクレジットカードを盗んでますよね。

> はい。

> ここで働くことにしたのは，最初からクレジットカードを盗むつもりだったの。

はい。

じゃあ，この会社で働くと決めた理由に，クレジットカードなどを盗みやすいという状況があるのですか。

はい。面接のときにロッカー室を見て，盗めるだろうと思っていました。

＜余罪について＞

さて，被疑者には，本件のほかにも３件の同種余罪があり，既に事実を認め，母親のお金で弁償を済ませていました。そこで，そこについても簡単に確認しておく必要があります。

同種余罪３件については，本件を起訴するに当たり，本件が常習的な犯行の一部であることを明らかにする上で重要情状事実ですし，今後，公判で被害弁償の事実が主張された場合に，弁償が被疑者自身の経済的な負担によるものでないことを明らかにする上でも重要です。

しかし，ここでも，

あなたは，本件以外にも３人の方のクレジットカードや現金を盗んでますよね。

はい。

という問答をするのではなく，

この件以外に他人のクレジットカードを盗んだことがありましたか。

とオープンな形で質問した方がよりよいと思います。

確かに，警察において被疑者から３件の余罪を聞き出し，裏付けを取っており，問題ない証拠関係かもしれません。

しかし，本件と直接関係しない余罪についてオープンな形で聞けば，

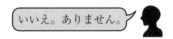

いいえ。ありません。

と自分の行為を矮小化しようとするかもしれませんし，仮にそのような供述がされた場合には，被疑者の反省が不十分であることを示す事情になります。

　ただ，被疑者は，警察で３件の余罪を自白し，裏付けも取られていることを認識しているはずでしょうから，余罪を否認する可能性はそれほど高くないでしょう。

　では，なぜオープンに聞く方がよいかといえば，

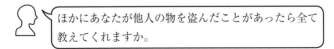

ほかにあなたが他人の物を盗んだことがあったら全て教えてくれますか。

と聞けば，

警察には既に３件正直にお話ししましたが，ほかに２件ありました。

とさらなる余罪を供述するかもしれません。

　確かに，警察において余罪は十分に追及しているでしょうから，こちらの可能性もあまり高くはないでしょう。

　しかし，矮小化するにせよ，さらなる余罪を自供するにせよ，オープンに聞くからこそ，何らかの情報が得られる可能性があるわけです。

　これを初めから，

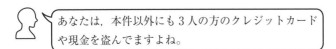

あなたは，本件以外にも３人の方のクレジットカードや現金を盗んでますよね。

と誘導してしまうと，

はい。

で終わってしまうばかりか，この問答自体は誘導ですから，供述の信用性も担保できず，結局，この問答をすること自体にどれだけの意味があるのか疑問です。

<一般情状>

最後に一般情状として，被害弁償と今後のことについても確認します。

被害弁償されていますね。

はい。

弁償の費用は誰が負担しましたか。

母です。

今後，同じようなことを繰り返さないか心配なんだけども。

絶対しません。

でも消費者金融からの借金はまだ残ってるんでしょ。

はい。

買い物はしたいんじゃないんですか。

はい。

あなたの置かれている状況は以前と何も変わってないですよね。

でも，今回こういうふうになって，二度と同じようにはなりたくないと思っています。

　本講では，素直に事実を認めている在宅の被疑者調べを例に，「信用性」を吟味しながら取り調べるとはどういうことかを検討しました。

　「録音録画」に限りませんが，「取調べ」においては，被疑者から，①具体的に詳細を聞き，②客観証拠との整合性を確かめることによって，その供述の「信用性」を吟味することが大切であり，「録音録画時代」にはその過程が記録されることを意識する必要があるでしょう。

　事実認定に用いられる証拠は「物的証拠」と「供述証拠」に分類できます。「物的証拠」は，例えば，凶器のナイフ，銀行ATMの引き出し記録，防犯カメラ映像，交通事故現場の痕跡など様々です。

　「供述証拠」は，事件関係者の供述です。

　両者は同じ「証拠」でありながら，「物的証拠」は，「客観的で動かない」という性質があり，「供述証拠」は「主観的で動き得る」という性質があります。

　「供述証拠」が「主観的」であるとは，供述が，人間の知覚や記憶や表現を経て顕出されるために，客観的には同一の事実であったとしても，各供述者によって供述内容が異なり得るということです。

　例えば，被疑者が被害者を1発殴ったという同じ暴行の現場を目撃した2人の人がいたとして，取調官が，「殴った人は左右どちらの手で殴っていましたか。」と聞いた場合に，1人は，「右手」と答え，もう1人は「左手」と答えることが十分に考えられます。

　真実は，左右どちらかの手であったはずなのにです。

　また，「供述証拠」が「動き得る」というのは，同じ人間の供述であっても，時間の経過等によって，供述内容が異なり得るということです。

　例えば，先ほどと同じ例で，被害者が，当初は，「被疑者の右手で殴られた」と供述していたとしても，後から，「被疑者の左手で殴られた」と供述を変遷させることも十分に考えられます。

　この点，被疑者が被害者を1発殴った現場に防犯カメラが設置されていれば，その映像を見れば，被疑者が左右どちらの手で被害者を殴ったのかは「客観的」に「動かない」形で特定することができます。

　ですから，捜査としては，まずは，「物的証拠」を収集分析し，次に「供述証拠」を得るというのが原則になります。

　また，「供述証拠」を得るに当たっては，その性質に十分に留意し，常にその「信用性」を吟味する必要があるのです。

第6講
ゲームセンターにおける盗撮
～具体的な供述の引き出し方

 ここがPOINT

場面を特定し，客観的な事実と主観的な心情を聞き出す

はじめに

　第5講に引き続き在宅被疑者の取調べについて検討したいと思います。第5講では，「取調べ」の肝は「信用性」の吟味であり，「信用性」の吟味は，①具体的に詳細を聞くこと，②客観証拠との整合性を確かめること，によって行うことを説明しました。

　①具体的に詳細を聞き，②客観証拠との整合性を確かめることにより供述内容の「信用性」を吟味する，ということは「録音録画時代」に限らず，それ以前からも取調べの基本でした。

　ですから，「取調べ」よりも物の押収と物読みを先行させ，「物」→「供述」の順で捜査を進めることが捜査の基本です。

　もっとも，②客観証拠に乏しい事件の場合には，①具体的に詳細を聞き，裏付けの取れる「事実」を聞き出し，その裏付け捜査の結果，②客観証拠が発見できれば，その意味を改めて被疑者に詳述させることで，供述の「信用性」を高められることも従来から変わりません。

　つまり，「物」→「供述」→「物」→「供述」と吟味を繰り返しながら事実を特定していくのが捜査です。

　その基本に変わりはありませんが，「録音録画時代」においては，①具体的に詳細を聞くことで，被疑者が供述する態度や詳述する内容によっては，仮に客観的な裏付けが取れない供述内容であったとしても「信用性」のある供述になる可能性が「調書時代」よりは高まったのではないかと思います。

すなわち，「調書時代」においては，裁判官の面前に顕出される証拠は，被疑者の供述調書でしたから，被疑者がどのような態度で供述したのか，どのような問いに対してどのような答えを供述したのかは，なかなか明らかになりませんでした。ですから，自白調書があってもその信用性が争われた場合などには，②客観証拠との整合性などに照らして判断されていましたし，法廷で「言った言わない」の不毛な議論となることもありました。

　しかし，「録音録画時代」においては，まさに「取調べ」の様子そのものが録音録画され，証拠化されますから，被疑者の供述態度やどのような問答がなされたのかもそのまま記録されます。

　そのような中で，取調官から何ら誘導なくオープンに事実関係を聞かれた被疑者が自ら詳細を供述しているのであれば，そして，その内容が自己に不利益な事実であればなおさら，その「信用性」は認められやすくなるのではないでしょうか。

　その意味で，「録音録画時代」は，捜査機関にとっても武器になり得るものであると同時に，取調官は，録音録画を見れば被疑者が任意に信用できる供述をしていると分かるような「取調べの技術」を磨いていかなければならないと思います。

　さて，本講は，いわゆる迷惑防止条例違反の在宅事件を題材に，自白している被疑者からいかに具体的な供述を引き出すかを検討したいと思います。また，略式手続の説明についても触れてみたいと思います。第5講の窃盗の事例とは異なり，罪体について，いわゆる物（客観証拠）がない事案を取り上げます。なお，題材は，実際の事例を参考に作成した仮想事例です。

設　例

　被疑者（23歳）は，某年10月4日，午後5時30分頃，○○市内のゲームセンターのプリクラ機内にいた女子高生Vに対し，その背後からスカートの下に，カメラ機能を自撮りモードにしたスマートフォンを差し出し，Vの下着を見た。

　被疑者は，しゃがんでスマートフォンをプリクラ機の中に差し入れていたところをゲームセンターの店員に見つかり，声をかけられたことから慌てて店外に逃走し，駐車場に停めていた自転車で走り去った。しかし，逃亡の際，駐輪場に財布を落とし，それに気が付いた被疑者がゲームセンターに戻ってきたことから，店員が事務室に連れていくとともに，警察に通報し発覚した。

録音録画下において，被疑者から聴取すべき事項はどのようなことか。

・・

【○○県迷惑行為防止条例（抜粋）】

第3条 何人も，公共の場所又は公共の乗物において，人を著しく羞恥させ，又は人に著しく嫌悪の情を催させるような方法で，次の各号の一に該当する行為をしてはならない。

(2) 他人の身体又は下着（これらのうち現に衣服等で覆われている部分に限る。以下同じ。）を見る目的で行う，手鏡を他人のスカートの下に差し出す行為，他人のスカートの下からのぞき込む行為，他人のスカートをまくり上げる行為その他の周囲の状況からみて著しく異常な行為

第6条 前3条の規定に違反した者は，6月以下の懲役又は50万円以下の罰金に処する。

検　討

設問では，「録音録画下において被疑者から聴取すべき事項はどのようなことか。」としていますが，被疑者から聴取すべき事項は，「録音録画時代」であろうと「調書時代」であろうと変わりはありません。違いは，どう聞くか，その発問の仕方や順序が大切であるという点にあります。

まず，この事件で何を聴取すべきかを考えてみましょう。

本件で想定される構成要件は，上に示したとおりです。本件行為は，「手鏡を他人のスカートの下に差し出す行為」と同様の行為と考えていいでしょう。したがって，かかる実行行為の内容を具体的に聞くことが大切です。

そのほか，聞くべきことは，本件犯行に至る経緯及び動機，犯行後の状況です。

これらの事項は，それ自体が大切でもありますが，犯人性を基礎付ける事実としても大切です。

なお，本件のプリクラ機の中には女子高生が二人で中に入って遊んでいました。そして，被疑者からプリクラ機に向かって左側にＶの友人，右側にＶが立っていたことが友人とＶの供述から明らかになっていました。

　この辺りの事情は，公訴事実における被害者を特定する上で重要ですので，被疑者にきちんと確認した上で供述を得ておく必要があります。

　それでは，具体的な発問を考えていきましょう。

　※  ＝取調官， ＝被疑者を示します。

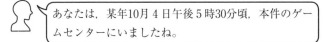

あなたは，某年10月4日午後5時30分頃，本件のゲームセンターにいましたね。

はい。

　まず，場面を設定するためにこのように端的に誘導しましょう。

　被疑者が某年10月4日午後5時30分頃にゲームセンターにいたことは，ゲームセンターの防犯カメラ映像及び被疑者がゲームセンターの駐輪場に免許証入りの財布を落として逃走したことからも客観的に明らかですから，ここは誘導して場面を特定した上で，「なぜそこにいたのか」犯行に至る経緯や動機に関する部分をオープンに聞いて，被疑者の口で語らせることが大切です。

　客観証拠から明らかで，被疑者が争いようのない事実であり，かつ，争わないと思われる事実については，端的に誘導し，場面を限定した方が，被疑者も答えやすくなります。

　ここで，誘導しないために，

某年10月4日のことを一から教えてください。

などと聞く必要はありません。

　この質問では，悪意のない被疑者であっても，当惑して，

朝起きたところからですか。

などと答える可能性がありますし，慣れた被疑者などだと，

その日は，朝から晴れてましたね。

などというふざけた供述をする者もいるでしょう。

　そのような被疑者は，取調官を茶化して自分のペースに持っていきたいわけですから，それに正面から怒ったりせず，

ああ，質問が悪かったですかね。午後5時30分にゲームセンターにいたところからで結構です。何しに行ったのですかね。

などと切り返せばよいですが，このような不毛なやりとりをしてリズムを乱されないようにするためにも，端的に場面を設定しましょう。

　オープンに供述を聞き出す質問をする必要があるのは，あくまでも明らかにしなければいけない大切な「事実」についてです。

　そうでないところは適切に誘導して，取調べのリズムを作り，被疑者が答えやすいように導き，本題からそれるようなら修正することも取調官の力の見せ所です。

　もちろん，被疑者が，

その時間にはそのゲームセンターには行っていません。

と答えることも想定しておかなければなりませんが，その場合は，

では，その日，その時間帯にどこで何をしていたか覚えていますか。

とまずはオープンで聞いた上で，覚えていないとか，何かしらの具体的な供述をした場合には，

そうなの。ゲームセンターで財布を落とさなかったですか。

その財布を拾いに行っていませんか。

> そのとき店員さんと一緒に事務室に連れていかれませんでしたか。

> そのときの防犯カメラ映像に映っている人物，あなたじゃないですか。

と客観的な動かしがたい事実を一つひとつ当てて聞いていきましょう。

　もちろん，全ての質問に対し，

> いいえ。

と答えるかもしれませんが，そのときは，

> では，財布のことから聞いていきますね。

> （写真を示して）この財布は，某年10月4日午後5時40分頃に，慌ててゲームセンターの駐輪場から逃げた男が落としたものなんですが，この財布は誰のものですか。

などと具体的に聞いていき，その質問と答えを録音録画に残しましょう。

　オープンに聞いた上で，不合理な内容は追及する，この順番を守ることが大切です。

　なお，本来は一通りオープンに聞いた上で，不合理な点を追及するべきですが，今の例の場合，ここで犯人性を否定されてしまうと，その次に進めませんから，犯人性について一通りオープンに聞いたところで，追及に入ることになります。

　さて，本件では，そこはクリアしたとして，設定した場面について詳細を聞いていきます。

> なぜそこに行ったのか説明してもらえますか。

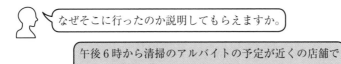

> 午後6時から清掃のアルバイトの予定が近くの店舗でありまして，アルバイトに行く前にゲームセンターに

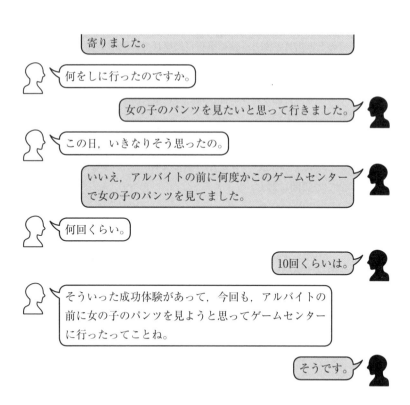

寄りました。

何をしに行ったのですか。

女の子のパンツを見たいと思って行きました。

この日，いきなりそう思ったの。

いいえ，アルバイトの前に何度かこのゲームセンターで女の子のパンツを見てました。

何回くらい。

10回くらいは。

そういった成功体験があって，今回も，アルバイトの前に女の子のパンツを見ようと思ってゲームセンターに行ったってことね。

そうです。

　次に，場面を，ゲームセンターに入ってから犯行に至るまでに限定して続けることにします。

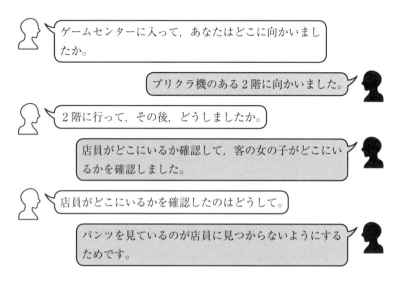

ゲームセンターに入って，あなたはどこに向かいましたか。

プリクラ機のある2階に向かいました。

2階に行って，その後，どうしましたか。

店員がどこにいるか確認して，客の女の子がどこにいるかを確認しました。

店員がどこにいるかを確認したのはどうして。

パンツを見ているのが店員に見つからないようにするためです。

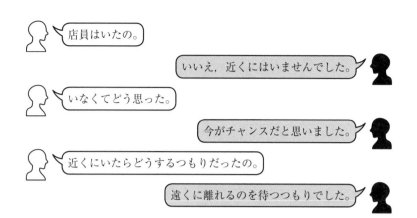

　ここは，店員の位置を確認した理由を聞き，被疑者の口で語らせた上，「近く
にはいなかった」という供述に対し，「いなくてどう思ったか」，また「近くにい
たらどうするつもりだったか」と被疑者の心情（頭の中）を聞いています。店員
の位置を確認するという発想自体，「なるほど盗撮犯の思考だな」と感じますが，
さらに，その際の心情（頭の中）を聞いて語らせるというのは1つの技術である
ことは前回も説明しました。客観的な事実とそれに対応した被疑者の感情や考え
を明らかにすることで，体験した者だけが供述できる臨場感を持った供述内容と
なります。

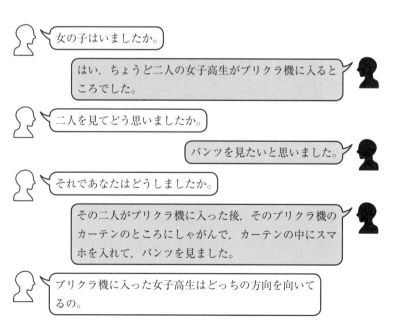

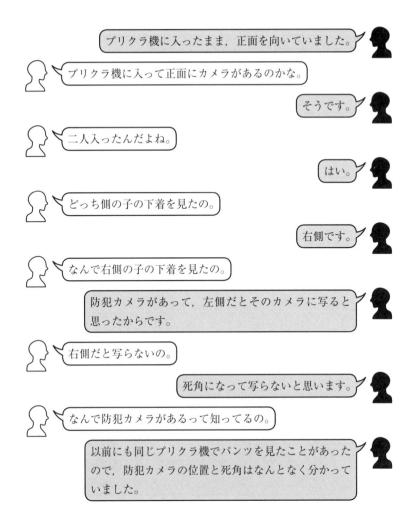

プリクラ機に入ったまま，正面を向いていました。

プリクラ機に入って正面にカメラがあるのかな。

そうです。

二人入ったんだよね。

はい。

どっち側の子の下着を見たの。

右側です。

なんで右側の子の下着を見たの。

防犯カメラがあって，左側だとそのカメラに写ると思ったからです。

右側だと写らないの。

死角になって写らないと思います。

なんで防犯カメラがあるって知ってるの。

以前にも同じプリクラ機でパンツを見たことがあったので，防犯カメラの位置と死角はなんとなく分かっていました。

　公訴事実には，被害者の名前を書く必要がありますが，女子高生の二人は，本件の被害には全く気が付いていませんでした。ですから，女子高生の二人のうち，どちらの子の下着を見ようとしたのかをきちんと説明させる必要があります。

　また，その理由についても根拠をもって説明させる必要があります。

　なぜなら，どちらかの女子高生に特に興味があったのでなければ，どちらでもよかったはずであり，そうであれば被害者の特定は慎重に行う必要があるからです。

　しかし，本件では，取調官も予期していなかった「なるほど」という理由が供述として出てきました。この場合，「供述」からの裏付け，すなわち，防犯カメ

ラの位置と射程を見分して特定し，「供述」→「物」の順番で「供述」の「信用性」を吟味することになります。

　さて，さらに場面を限定し，罪体の核心部分を聞いていきます。

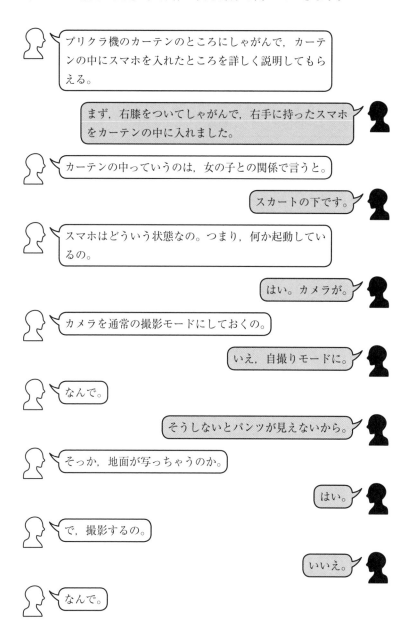

プリクラ機のカーテンのところにしゃがんで，カーテンの中にスマホを入れたところを詳しく説明してもらえる。

まず，右膝をついてしゃがんで，右手に持ったスマホをカーテンの中に入れました。

カーテンの中っていうのは，女の子との関係で言うと。

スカートの下です。

スマホはどういう状態なの。つまり，何か起動しているの。

はい。カメラが。

カメラを通常の撮影モードにしておくの。

いえ，自撮りモードに。

なんで。

そうしないとパンツが見えないから。

そっか，地面が写っちゃうのか。

はい。

で，撮影するの。

いいえ。

なんで。

> 撮影すると記録が残るので，警察にばれたときに言い訳ができなくなると思ったので。

　ここも，女子高生の下着が見たいという犯人の中にはそれを撮影して収集する者も多い中，なぜ被疑者は撮影していないのかと聞くことで，被疑者の心情（頭の中）を取り調べています。その結果，撮影すると証拠が残り警察に言い訳ができなくなるからであるという迫真的な供述を得ることができています。

> じゃあ，撮影はしてないのね。

> はい。

> でも，言い訳してないじゃない。撮影してなくても。

> 店員にばっちり見られたので。

> そっか。下着は見れた。

> はい。チラッとですけど。

> 何色だった。

> 覚えてません。

> 模様は。

> 覚えてません。

> え。なんで。下着が見たかったんでしょ。見たんだからどんな下着か覚えてないの。

> はい。

> じゃあさ，どんな下着が好きなの。

> 特に好みはありません。女性の下着なら何でも。

> 大人っぽいのがいいとか子供っぽいのがいいとかもないの。

はい。

じゃあ，あれかな。下着を見たいというより，下着をのぞき見る行為そのものがどきどき興奮するってことなのかな。

そういうところはあると思います。

　ここは，決して興味本位で聞いているのではありません。本件では，被疑者も述べているとおり，スマホの中に被害者の下着の画像は残っていませんでした。ですから，どのようにスマホを女子高生のスカートの下に入れたのか，そもそも本当に入れたのかが客観的な物証からは特定できません。そうすると，下着についての生々しい供述を得ておくことが必要なわけです。

　しかし，被疑者は，下着の色も模様も覚えていないと供述しました。これは少し違和感があります。女子高生の下着が見たかったわけですから，そして，それを見たのであれば，そのとき見た下着がどんな下着だったかは意識しているのが自然だと思われるからです。

　それを覚えていないことに不自然さがないか，さらに下着の好み等を聞いていくことで明らかにしようとしているのです。

　それでは，ここまでの内容を確認して犯行後の状況について聞いていきましょう。

右側の女子高生のスカートの下にカメラを自撮りモードにしたスマホを差し入れて，下着を見たということでいいね。

はい。

それからどうなったの。

気が付いたら私の左側の少し離れたところに店員の男性が立ってこちらを見ていました。

目が合ったの。

はい。

 そのときどう思った。

 やばい，ばれた，と思いました。

 それから。

 急いでその場を離れました。

 走ったの。

 いや，走ると余計に怪しまれると思ったので，早歩きで。

 それから。

 店員が「お客さん」と声をかけて追いかけてきました。

 それで。

 やばい，と思って，走ってエスカレーターで1階まで降りて，店の外に停めていた自転車で逃げました。

 それから。

 うまく逃げられたと思ったら，財布がないことに気が付いて。落としてしまったと思い，取りに戻りました。

 取りに戻ったら捕まるとは思わなかったの。

財布には免許証を入れていたので，どっちみち捕まると思いました。

 じゃあ，ゲームセンターに戻るときには捕まるのは覚悟してたわけか。

はい。

 で，戻ったらどうなった。

 財布がなかったので，店員さんに「財布が落ちててませんでしたか。」と聞いたら，事務所に来るように言わ

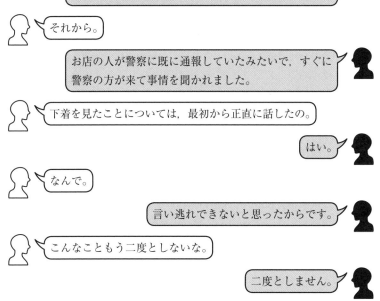

れて，そこで店員さんから「盗撮してたよね。」「前にもやったことあったでしょ。」「出入り禁止にするから。」と言われました。

それから。

お店の人が警察に既に通報していたみたいで，すぐに警察の方が来て事情を聞かれました。

下着を見たことについては，最初から正直に話したの。

はい。

なんで。

言い逃れできないと思ったからです。

こんなこともう二度としないな。

二度としません。

　なぜ下着を盗み見たかの動機について聞かないのかと疑問に思われた方もいると思います。ここは人によるかもしれませんが，私は，この事件で動機をあえて聞く必要はないと思います。というより「下着を見たかった」ということは既に明らかになっています。
そこに重ねて，

なんで女の子の下着を盗み見たいの。

と聞くことにどんな意味があるのでしょうか。あまり品が良いとも思われません。
　もちろん，私個人の意見ですので，性癖も含めて明らかにすべきという意見もあるでしょうし，性癖も含めて明らかにしなければならない事件もあるでしょう。例えば，ここで，根掘り葉掘り聞いて恥ずかしい思いをさせることで再犯防止につながるのだという考えもあるかもしれませんが，私にはそうとも思えません。
　本件は，前科前歴のない若い男の犯行ですので，罰金が相当であり，略式処分が考えられる事案です。そこで，最後に**略式の告知**の仕方について触れておきます。

＜略式の告知＞

あなたは，素直に事実を認めて反省もして，二度と同じようなことはしないと私と約束してくれているので，あなたに対する処分について説明します。

原則としては，あなたが犯した犯罪事実を認定して，適切な刑の重さを決めるために，公開の法廷で裁判を受けることになります。これは，あなたにとっては「裁判を受ける権利」があるということになります。

テレビドラマでも見るように，公開の法廷で，裁判官がいて，検察官がいて，弁護士さんもいて，あなたは弁護士さんの弁護を受けながら言いたいことを自由に言える機会が与えられます。

ただ，言いたいことは全て聞いてもらったし，公開の法廷で裁判を受ける必要がないということであれば，例外的に，100万円以下の罰金になるような犯罪については公開の法廷で行われる正式な裁判を省略して，裁判官が裁判官の部屋で書類だけを読んで刑を決める，省略という意味で，「略式」という手続もあります。

ただ，この手続は，あなたの「裁判を受ける権利」を放棄することになりますから，書面で異議がないことを明らかにしてもらう必要があります。

略式手続の意味は分かりましたか。

はい。

どちらの方式がよいですか。

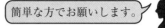
簡単な方でお願いします。

このように，略式手続について分かりやすく説明した上で，請書を徴取することになります。

本講では，基本的な事例を用いて，「録音録画時代」において，被疑者から具体的に事実を聞き出すとはどういうことかを検討してみました。争いのない事実については取調官が場面を設定し，被疑者が話しやすいリズムを作ること，客観的な事実を聞いたら，その際の被疑者の心情を合わせて聞くことによって，客観

的な証拠が乏しい事案であっても，被疑者から信用性の高い供述を得ることができることを確認していただければと思います。

コラム　・・・　略式手続における注意点

　被疑者が略式手続によることについて異議がないことを書面で明らかにした場合，公訴事実を認めるに足りる証拠があれば，略式命令が告知されて問題なく確定するのが通常です。

　しかし，被告人には，略式命令の告知があった日から14日以内であれば，正式裁判を請求する権利があります。

　そして，正式裁判で審判がなされる場合，告知された略式命令には拘束されません。

　したがって，正式裁判において，略式命令において認定された「罪となるべき事実」の有無が争われることもあり得るわけです。

　実際にも，交通事故における過失運転致傷罪の被疑者が，略式手続に応じていたにもかかわらず，科された罰金額に納得がいかずに正式裁判を請求し，正式裁判において公訴事実を争うということは時々あります。

　注意すべきなのは，そういう事件のなかに無罪となるものが散見されることです。

　その理由は，おそらく，略式手続は，証拠書類の審査だけで命令が告知され確定する場合がほとんどであることから，事実関係を争われた場合にもきちんと有罪を立証できるだけの証拠関係になっているかどうかの検討が甘くなりがちなためだと思われます。

　しかし，略式手続の場合であっても，人の有罪を証明して刑罰を科す手続である点では同じですから，正式裁判が請求された場合でもきちんと有罪が立証できる証拠関係になっていなければいけないのは当然のことです。

　略式手続は，起訴や立証のハードルが低くなると誤解してはいけません。

第7講

殺人未遂
～故意に関する取調べ①

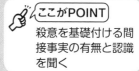

ここがPOINT

殺意を基礎付ける間接事実の有無と認識を聞く

はじめに

　本講からは，身柄の被疑者調べについて，仮想の設例を通じて具体的に検討したいと思います。

　第1講で，私は，「検事に任官して以来，『いい検事』になりたい」と思って努力してきたと書きました。「いい検事」というのは，私の中ではキーワードの一つであり，この言葉について，私が今でもよく思い出すエピソードを紹介したいと思います。

　私は，検事任官2年目の時，いわゆる「新任明け検事」として水戸地検に配属になり，暴力係検事として，捜査と公判を主任立会（起訴した事件の公判に起訴した検事自身が立会すること）で担当していました。

　ある日，当時の次席検事から「山田君は将来どういう仕事をしたいの。」と尋ねられたことがありました。私は，質問の意味が分からず，検事の仕事にどういうもこういうもあるのか，とキョトンとした顔で，「とにかく『いい検事』になりたいです。」と答えました。その上でこう言いました。「ただ，私は，まだどういう検事が『いい検事』なのかもよく分かっていません。そもそも組織全体がよく見えておらず，自分に何が向いていて何が向いていないのかも分かりません。ですから，次席や検事正に私をよく見ていただいて，私が『いい検事』になれるように将来を決めてもらえればと思います。」

　このやりとりの後，検事正の決裁を受ける機会があり，おそらく次席からこのやりとりを聞いていたのでしょう。検事正から決裁の過程でこう尋ねられました。

検事正「山田君，『いい検事』っていうのはどういう検事か分かるか。」

山田 「……。」

私は，もちろん答えを持ち合わせていませんでしたから，「うーん」と唸るばかりでした。

すると，当時の検事正は「『いい検事』とは，どんな事件にも手を抜かない検事だよ。」と教えてくれました。

私は，当時任官２年目でしたから，「手を抜く」という感覚などあろうはずがなく，毎日必死でした。

しかし，その後何年か経過して，この時の検事正の言葉をよく思い出すようになりました。その都度，手を抜こうとしていたのかもしれません。

何をどうしていいかよく分からない中で，先輩や同僚に相談しながら，上司に厳しく指導されたあの頃が，大変だったけれども，一番楽しく充実していたような気もします。

本講では，その検事正にご指導を受けて印象に残っている殺人未遂事件を素材にした仮想の設例で検討します。

設 例

被疑者は，日雇い労働者として，寮で他の従業員と共同生活をしていたが，同僚に仲間外れにされていると疎外感を感じ，その原因を作っていると考えていた同僚Ｘを殺害しようと企て，建設現場で作業中，隠し持っていたナイフで背後からＸの背中を刺したが，加療約３週間を要する深さ約３cmの刺創を負わせたにとどまり，殺害の目的を遂げなかった。

被疑者は，通報を受けて臨場した警察官に現行犯人逮捕されたが，殺意を否認している。

取調べにおいて何をどのように聞くべきか。

検 討

被疑者と被害者の間に人間関係があり，その場で現行犯人逮捕されていますか

ら，「犯人性」は問題ありません。

　凶器はナイフであり，背中に深さ約3cmの刺創を負わせていますから，この行為が「傷害罪」の構成要件に該当するのか，それとも「殺人未遂罪」の構成要件に該当するのか，「殺意」の有無が事実認定上の問題となります。

　では，最初からそこに焦点を当てて，次のような質問をすることは妥当でしょうか。

　※ 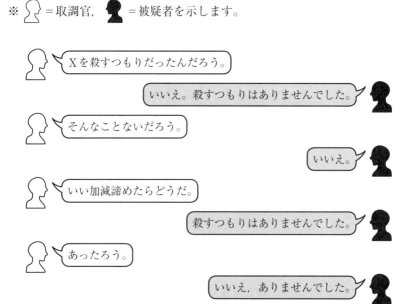　＝取調官，　　＝被疑者を示します。

　Xを殺すつもりだったんだろう。

　　　　いいえ。殺すつもりはありませんでした。

　そんなことないだろう。

　　　　　　　いいえ。

　いい加減諦めたらどうだ。

　　　　殺すつもりはありませんでした。

　あったろう。

　　　　いいえ，ありませんでした。

調書例

　私は，Xを殺すつもりはありませんでした。

　さすがに，こんなやりとりで「殺意」について自白を得ようという取調べが適切でないことは分かると思います。

　しかし，

　Xを殺すつもりだったんだろう。

　　　　すみません。殺そうと思いました。

そうだろう。よく話してくれたな。

調書例

　私は，Ｘを殺すつもりでした。

という取調べと調書ではどうでしょうか。

　これならよいと考えた人もいるのではないでしょうか。

　ところが，この２つの例は，同じ「質」の取調べであり，同じように不適切だと考えます。

　なぜなら，これら２つの例はいずれも，

あなたに「殺意」はありましたか。

という質問をしているのであり，「事実」ではなく，「評価」を聞いているからです。

　「殺意」の有無は「評価」であり，最終的には裁判体が行うものであって，被疑者が行うものではありませんし，行うこともできません。

　仮に２つ目の例のような問答がなされ，**調書例**のように調書が「私は，Ｘを殺すつもりでした。」となっており，さらに公判で被告人が「殺すつもりでした」と殺意を認めたとしても，例えば，凶器が木製のナイフであり，それを背中に思いきり突き立てたという事実関係であれば，「殺意」が否定される可能性もあるでしょう。

　このことは，設例を変えて，被疑者が藁人形に釘を打ち付けＸを呪い殺そうとしていた場合を考えてみるとより明らかです。この場合，被疑者がいくら心の底から「殺してやる」と念じていたとしても，「殺意」があることにはなりません。なぜなら，藁人形に釘を打ち付けるという客観的な行為にＸを死亡させる現実的な危険性がないために，「藁人形に釘を打ち付ける行為」の認識では「殺意」を推認させることができないからです。

　「殺すつもり」があったとしても，必ずしも「殺意」があることにはならないことがお分かりいただけたと思いますが，そうすると，被疑者が，「殺すつもりがあった」と供述するか「殺すつもりはなかった」と供述するかは重要ではないということもお分かりいただけると思います。

　ですから，取調べにおいて聞くべきことは「殺すつもり」の有無ではなく，

「殺意」を基礎付ける「間接事実」の「認識」の有無なのです。

　そして，「殺意」の有無を判断するための間接事実としては，一般に，

① 　凶器の形状，用法

② 　損傷の部位，程度

③ 　動機

④ 　犯行後の被疑者の言動

が重要であると整理されています（『刑事事実認定重要判決50選』など）。

　そこで，これらの間接事実の有無と認識の有無を聞いていく必要があります。

　このように，争いのない事実については，「誘導」を使い，場面を限定します。

　ここで，「殺そうと思って」という供述を期待して，

という質問をしたくなる気持ちは分かりますが，ここで「なんで」という質問を
するのはあまり巧いとは言えません。

　被疑者の「殺すつもり」の有無や程度は「殺意」の認定に直接関わらないから
です。

　「殺意」の有無を明らかにするために聞くべきことは，「殺すつもり」の有無で
はなく，「殺意」を基礎付ける「間接事実」の「認識」の有無なのです。

　そこを意識して，問答に戻りましょう。

そのナイフは現場で発見された物ですか。

はい。

（物を示して）私が持っているこれですか。

はい。

刃の長さが8cmで，片刃ですね。

はい。

取っ手が青いね。

はい。

このナイフで間違いないですか。

はい。

これは普段からあなたの部屋で使っていたナイフですか。

いいえ。Xを刺す前日に買いました。

どこで。

近くのスーパーで。

いくらでした。

2,000円。

なんで買ったの。

Xを刺すつもりでした。

　ここでは，凶器の形状について確認しています。「殺意」を認定するにあたり，凶器の形状については重要な間接事実の一つですから，まずは，実際の物を被疑

者に示して，押収されているナイフと凶器との同一性を確認した上で，その入手経緯を聞いています。

入手経緯として，犯行の前日に自分でスーパーで買ったものであれば，凶器の形状を認識していたことは明らかです。

なお，問答例では，凶器が現場で発見されたナイフであるとの供述を得た時点で物を当てて同一性を確認していますが，より丁寧に信用性を吟味するためには，凶器のナイフの形状や投棄場所等についても，物を示す前にオープンに聞いて，被疑者自身の口で説明させるべきです。今回は，「殺意」の有無に関する問答に焦点を当てているため，その点は省略しています。

事件の日はそのナイフをどうして持っていたのですか。

Xを刺してやろうと思って。

どこに持っていましたか。

いつも持っている手提げバッグに入れていました。

（写真を示しながら）このバッグのことですか。

そうです。

それから，それをいつ使ったの。

作業現場で作業していて，ちょうど隣に並んで，Xが背を向けたタイミングがあったので，「今だ」と思って。

それで。

バッグからナイフを取り出して，Xの背中に突き刺しました。

ナイフをどのように持ったのですか。

ナイフの柄を握って。

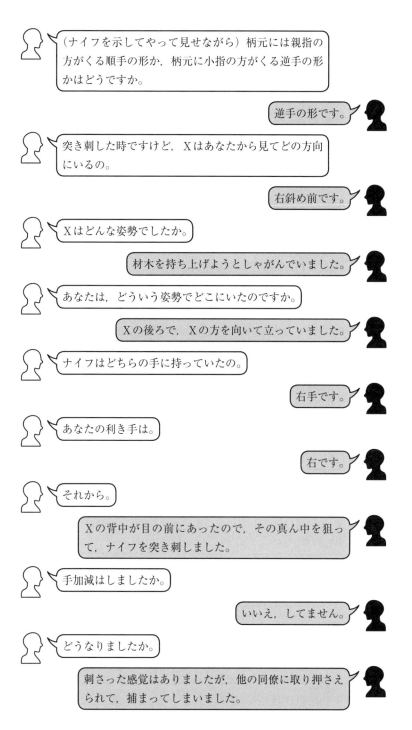

（ナイフを示してやって見せながら）柄元には親指の方がくる順手の形か，柄元に小指の方がくる逆手の形かはどうですか。

逆手の形です。

突き刺した時ですけど，Xはあなたから見てどの方向にいるの。

右斜め前です。

Xはどんな姿勢でしたか。

材木を持ち上げようとしゃがんでいました。

あなたは，どういう姿勢でどこにいたのですか。

Xの後ろで，Xの方を向いて立っていました。

ナイフはどちらの手に持っていたの。

右手です。

あなたの利き手は。

右です。

それから。

Xの背中が目の前にあったので，その真ん中を狙って，ナイフを突き刺しました。

手加減はしましたか。

いいえ，してません。

どうなりましたか。

刺さった感覚はありましたが，他の同僚に取り押さえられて，捕まってしまいました。

凶器の用法に関する客観的な事実を聞いていることが分かると思います。

凶器を利き手である右手に持っていたこと，それを逆手に持ち，無防備なXの背後から，背中を狙って手加減することなく刺した，という客観的な事実とその認識を供述させています。

被害者は，背中の真ん中よりやや左側に縦に深さ約3cmの刺創を負いましたが，この傷害結果は，写真撮影報告書，診断書，医師の調書等で証明します。

そして，被害者の背中の真ん中よりやや左側に縦に刺創があり，加療3週間を要する程度であるという客観的な事実が，被疑者の供述する「背中の真ん中を手加減なく狙って刺した」という供述を裏付けています。

ここでも，①具体的に詳細を聞くこと，②客観証拠との整合性を確かめることによって供述の「信用性」を吟味します。

なお，本来は，ナイフを入れていたバッグの形状やナイフをバッグに入れていた理由など，詳細をオープンに聞いていくべきですが，省略しています。

それから，動機について確認します。

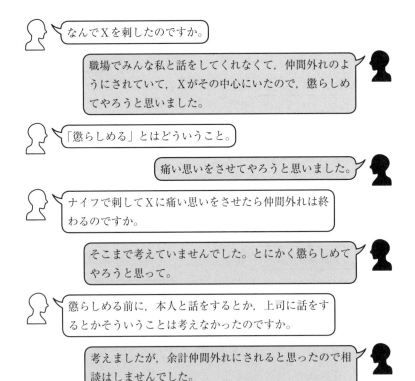

なんでXを刺したのですか。

職場でみんな私と話をしてくれなくて，仲間外れのようにされていて，Xがその中心にいたので，懲らしめてやろうと思いました。

「懲らしめる」とはどういうこと。

痛い思いをさせてやろうと思いました。

ナイフで刺してXに痛い思いをさせたら仲間外れは終わるのですか。

そこまで考えていませんでした。とにかく懲らしめてやろうと思って。

懲らしめる前に，本人と話をするとか，上司に話をするとかそういうことは考えなかったのですか。

考えましたが，余計仲間外れにされると思ったので相談はしませんでした。

あなたとしては懲らしめることしか頭にないってことですか。

はい。

もし周りの人に止められなかったら，あなたはどうしていたと思いますか。

ナイフはXの背中に刺さったままでしたし，あれ以上はどうしようもなかったと思います。

救急車を呼んだのは誰ですか。

よく覚えていませんが，同僚だと思います。

あなたは救急車を呼ぼうとしましたか。

していません。

　「殺意」を認定するに当たって重要な間接事実，特に，凶器の形状と用法について，事実と認識を聞いているのが分かると思います。

　最初に例に出したような「殺すつもりがあったか」という質問は１回もしていません。

　調書としては次のようにします。

調書例

　1　私は，Xの背中を刃の長さが8cmのナイフで刺しました。

　2　そのナイフはXを刺すために，刺した前の日にスーパーで購入しました。

　3　私は，仕事の現場でXと作業をしていたところ，Xが私に背を向けてしゃがんでいたので

　　　　　　今だ。

　と思い，バッグに隠していたナイフを取り出し，それを利き手の右手で逆手に持って，Xの背中に手加減することなく，刺しました。

　4　Xの背中に刺さった感覚はありましたが，すぐに他の同僚に取り押さえられてしまいました。

「殺意」の有無が事実認定上の問題点であることを念頭に置き，「殺意」の有無を推認するための間接事実である凶器の種類，用法等について１つひとつ，その事実と認識を聞いていきます。

　刃体の長さ８cmのナイフを無防備なＸの背中に手加減なく突き刺したのですから，被疑者が「殺意はあった」と供述するか「殺意はなかった」と供述するかに関係なく，「殺意」は認められるのではないでしょうか。

　そのように考えて，検事正の決裁を受けた私に対し，検事正は，「Ｘの服は見たか。」と聞かれました。私は，物を確認していなかったため，「見ていません。」と答えると，検事正が「ちょっと警察に借りて持ってきてくれるか。」と言われました。

　検事正は，被疑者の傷の位置が背中の真ん中よりやや左にずれていた点と傷の程度がそれほど深刻ではない点について心配されていました。

　私は，すぐに警察にお願いし，Ｘの当時着用していた上着を持ってきてもらい確認すると，冬場であったことから，当時Ｘが厚手のジャンパーを着ていたこと，そして，その背中のまさに真ん中あたりがスパッときれいに切れて貫通していることが分かりました。

　私は，検事正の前で赤面しながら，「ありがとうございます。」とお礼を言って，決裁資料に今の点を書き加えました。

　恥ずかしい思い出ですが，「物」を自分の目で見ることの大切さを学びました。

　もっとも，正直に告白すると，私は，その前年に千葉地検で新任検事として仕事をした際にも，当時の次席検事から「検事ってのは，自分の目で見たもの以外は信じないんだよ。」と自分の目で物を確認する大切さをご指導いただいていましたので，私は，なかなか物覚えが悪いようです。

　今回は，「殺意」のような主観面が争点になるような場合であっても，「殺意」を推認させる間接事実とその認識を聞くのだという点を確認しました。

　主観面は，客観的な事実とその認識の有無により推認されるものだということを意識するとよいと思います。

　ただ，いきなり「殺意」の例はやや難しかったかもしれませんので，もう少し分かりやすい例で補足しておきます。

　例えば，覚醒剤所持の事案で覚醒剤を「所持」している認識を否認している例を考えてみましょう。

　被疑者は，職務質問を受けた際，そのハンドバッグの中に覚醒剤１袋を所持していましたが，ハンドバッグに覚醒剤が入っていたとは知らなかったと弁解して

います。

　覚醒剤所持の「故意」の有無が問題となる事案です。

　ここで,

持ってたと分かってただろ！

分かってませんでした。

と直接「所持の認識」を聞く問答をするのが,悪い例です。

　そうではなく,覚醒剤1袋が被疑者が持っていたハンドバッグから発見された
ことは争いようのない客観的な事実ですから,

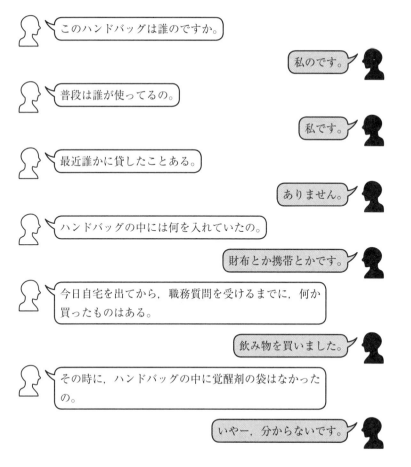

このハンドバッグは誰のですか。

私のです。

普段は誰が使ってるの。

私です。

最近誰かに貸したことある。

ありません。

ハンドバッグの中には何を入れていたの。

財布とか携帯とかです。

今日自宅を出てから,職務質問を受けるまでに,何か
買ったものはある。

飲み物を買いました。

その時に,ハンドバッグの中に覚醒剤の袋はなかった
の。

いやー,分からないです。

この問答は，要するに，ハンドバッグは，被疑者の所有物であり，日頃から被疑者が使っており，他人が使う機会はないという客観的な事実を明らかにし，そこから，被疑者が覚醒剤を所持していることを認識していたはずだ，という立証をしようとしているわけです。

　他人がハンドバッグに触れる機会がないのであれば，被疑者が「覚醒剤が入っていると知らなかった」と供述したとしても，「知っていた」という主観が認定されるはずです。つまり，「知っていた」という主観面は，被疑者が「知っていた」と供述するか，「知らなかった」と供述するかによって決まるのではなく，客観的な事実とその認識から推認して決まるものなのです。

　覚醒剤1袋がハンドバッグの中からではなく，ハンドバッグの中の財布の札入れから出てきたとした場合，被疑者に所持の「故意」があったことはより強く推認されます。例えば次のような質問をします。

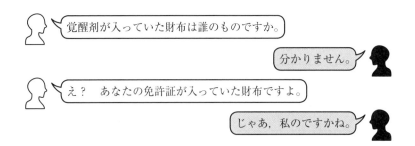

　つまり，ハンドバッグよりも財布，財布よりもズボンのポケットの中，といった具合に，一般的には，覚醒剤の発見場所が，被疑者の身体に近づけば近づくほど，所持の「故意」は推認されやすく，逆に，覚醒剤の発見場所が，被疑者の自宅，車，職場といった具合に，被疑者の生活場所から離れれば離れるほど，所持の「故意」の推認力は弱くなります。

　この例からも分かるように，覚醒剤所持の「故意」という主観面は，被疑者に「所持の認識があったか」を聞いて，その認識の有無で直接認定するものではなく，覚醒剤の発見された場所，状況などといった客観的な事実から推認していくものなのです。

　「主観面」の立証が問題となる事案において，そのことを十分に自覚しておかないと，録音録画の下において，冒頭で示した例のように，不毛な議論を続けることになりますので注意が必要です。

　同様の問題は，無銭飲食や特殊詐欺の受け子などの事案でも生じますので，次

講も引き続き，犯意が問題となる事例の検討を続けたいと思います。

コラム ● ● ● 物的証拠を目で見ることの大切さ

「物を自分の目で見ること」は非常に大切なことです。

「供述証拠」については，検察官は，警察が作成した供述調書の内容を鵜呑みにすることなく，自分でも供述人から話を聞くことが多いはずです。

つまり，「供述証拠」の「信用性」を自分で確認しているわけです。

「物的証拠」についても同様のことが必要です。

本講では「被害者の服」の例を紹介しましたが，ほかにも例はいくらでもあります。

例えば，覚醒剤の密売事件で，被疑者の居宅の捜索の結果，密売人が売上げを記録した手帳が発見され，その写し（複写報告書）が送致記録の中に含まれていた事件がありました。

送致記録に含まれていた「手帳の写し」は白黒で，様々な数字が記載されていました。

それを見ただけでは，各数字が何を意味するのか特定できませんから，被疑者の供述を得ようとするわけですが，被疑者が正直に供述するかは分かりません。

さて，取調べ前に「物的証拠」である「手帳」を見ていなかった場合，取調官は，「手帳」には，「黒い文字」で様々な「数字」が記載されていると認識し，その「数字」の意味を被疑者に質問することになります。

ところが，その「手帳」を借り出して確認したところ，「数字」は，「黒色」，「赤色」，「青色」の３色で書き込まれていました。

取調官としては，「３色」がそれぞれどのような意味を持つのかという視点で改めて「物的証拠」の「意味」を考え，複数の仮説を持って，被疑者を取り調べることになります。

「物的証拠」である「手帳」を事前に確認していない場合の取調べと，事前に確認した場合の取調べの質は全く異なるものとなることは明らかでしょう。

「物的証拠」は，自らは語りません。

ですから，その「物的証拠」が何を意味するのか，「意味付け」が大事になるわけですが，その「物的証拠」の「意味」を検討するに当たっては，その「物的証拠」を自分の目で見ておくことが前提になるのです。

無銭飲食
～故意に関する取調べ②

ここがPOINT

当該間接事実が故意を推認する程度を意識する

はじめに

　本講では，第7講に引き続き，被疑者の主観面が問題となる仮想の設例を通じて具体的に検討したいと思います。

　主観面が問題となりやすい犯罪類型としては，第7講にて検討した殺人未遂罪における「殺意」のほか，無銭飲食等の詐欺の故意があります。

設　例

　被疑者は，前刑の詐欺罪（無銭飲食）で出所後，更生保護施設で生活する無職の男（58歳）である。被疑者は，某年8月4日，某市内の居酒屋Ｘにおいて，ビール5杯，枝豆，唐揚げ，サラダ，冷奴等約4,000円分を注文し，飲食した。被疑者は，会計の際，慌てた様子もなく，「財布を忘れて支払えない」などと店員に言い，免許証など本人確認書類も所持していなかった。店員は，警察に通報し，被疑者は，臨場した警察官に現行犯人逮捕された。

　被疑者は，逮捕時，ズボンのポケットに238円の小銭を所持して

いた。

被疑者は，無銭飲食の意図はなかった旨，犯意を否認している。

取調べにおいて何をどのように聞くべきか。

・・

検　討

被疑者の犯人性に問題はありません。

また，被疑者が飲食の注文時に財布を持っていなかったという客観的な事実にも問題はありません。

問題は，被疑者が注文時に財布を持っていなかったことを認識していたかどうかです。

ただ，財布を持っていなかったことを認識していたとしても，支払う意思と能力があれば詐欺は成立しませんから，厳密には，被疑者が注文時に財布を持っていなかったことを認識しており，かつ，支払能力もなかったことを認識していたかが問題となります。

※ 🙂 ＝取調官，　😑 ＝被疑者を示します。

取調べに先立ち，無銭飲食の「故意」が認められるためにはいかなる事実認識が必要かを具体的な間接事実まで落とし込んで把握しておくことは不可欠です。そこを十分に意識しておかないと，「無銭飲食の故意」を直接自白させようとして，

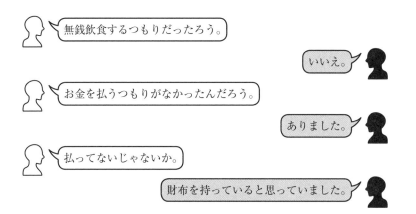

などという，不毛な発問を繰り返し，挙句の果てには，

などと言ってしまい，被疑者との人間関係を壊してしまいます。

　他の証拠関係からして，被疑者の供述が本当にふざけた弁解であり，虚偽であることが明らかな場合もあるかもしれませんが，そのような場合であっても，まずは，オープンに事実関係を聞いて，被疑者が何を語り，何を語らないのかを録音録画に残しましょう。

　第3講でも指摘しましたが，「録音録画時代」においては，話しやすい雰囲気の中で，何らの誘導も加えないオープンな質問に対し，被疑者が何をどこまで話すのかを記録すること自体に意味があるのです。

　その意味でも，「無銭飲食をするつもりだっただろう？」という質問は，被疑者に「はい」か「いいえ」のどちらかの回答を迫る質問であり，回答の自由度がない点で適切ではありません。

　ましてや，

財布を持っていなかったなら，無銭飲食のつもりだったってことになるからな。

分かりました。

などという問答で，

調書例

　私は，無銭飲食をするつもりで無銭飲食をしました。

などという調書を作成するのは最悪です。

　言うまでもないことですが，

財布を持っていなかったなら，無銭飲食のつもりだったってことになるからな。

という説明は明らかに虚偽であり，このような説明をすることは許されません。

　被疑者から自白を得ることは，「録音録画時代」においても「調書時代」と同様に大切なことだと思いますが，「録音録画時代」においては，自白という「結果」ではなく，自白を得る「プロセス」が重要です。

その「プロセス」は，①オープンな質問で「聞く」ことを原則として，詳細を具体的に掘り下げていき，②出てきた不合理な回答に対しては，矛盾点等を「追及」するという手順です。

　「プロセス」を守って詳細を具体的に掘り下げていけば，いずれ被疑者は合理的な説明ができないところまで追い込まれ，結果として自白するか，説明ができない不合理な供述が残るかのいずれかになるはずです。

　そこまでいくことができれば，結論がいずれであっても，取調べとしては成功でしょう。

　そして，自白が得られず，被疑者の不合理な供述が残った場合には，被疑者の弁解の不合理さを被疑者自身に自覚させ，真実の供述をするように「説得」することになります。

　この「プロセス」の前提として，「物」の押収と検討が非常に大切です。証拠構造を把握し，それを踏まえた「物」の検討が不十分であれば，適切に「追及」することができないからです。

　設例に戻ります。

　無銭飲食の詐欺の故意を立証するに当たり，被疑者が，代金を支払っていないことは事実ですから，そこを誘導で特定し，場面を設定します。

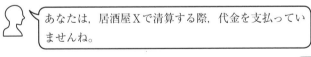

あなたは，居酒屋Xで清算する際，代金を支払っていませんね。

はい。

　それから，その理由について，限定を付けずにオープンに聞きます。

どうして支払わなかったのですか。

財布を忘れてしまったので。

　ここで，出てきた回答について，その詳細を聞いていきます。

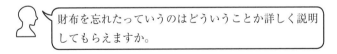

財布を忘れたっていうのはどういうことか詳しく説明してもらえますか。

家を出る時には，財布を持っていて，居酒屋Xにもタクシーで来て，代金を支払ったのですが，居酒屋で精算するときに確認したら財布がなくなってました。

居酒屋Xまでタクシーで来たという供述は裏付けが取れる点でいい供述ですから，その点を掘り下げていきます。

タクシーはどこから乗ったの。

○○駅からです。

○○駅まではどうやって来たの。

電車で来ました。

どこから。

更生保護施設からです。

そうすると，更生保護施設を出て最寄りの駅から電車で○○駅まで来て，そこでタクシーを拾って居酒屋Xに行ったということですか。

はい。

財布があるのを最後に確認したのはいつですか。

タクシーから降りるときです。

料金を払うときですか。

そうです。

タクシー代はいくらでしたか。

1,000円弱でした。

あなたはいくら出したの。

財布から1,000円を出しました。

お釣りはどうしましたか。

ズボンのポケットに入れました。

なんで財布に入れないのですか。

タクシーを降りてから，財布に入れるつもりでした。

タクシーを降りる時は財布は手に持ってたの。

はい。

それから財布はどうしたの。

ズボンのポケットに入れました。

お釣りの小銭は。

財布を入れたポケットに入ったままでした。

あなたが逮捕された時の所持金は238円でしたが，この
お金はタクシーに1,000円を払ったお釣りなどですか。

そうです。

そうすると，お釣りと同じようにズボンのポケットに
入れていたはずの財布が飲食後にはなくなっていたと
いうことですか。

そうです。

タクシーを降りたのはどこですか。

居酒屋Xの前です。

タクシーを降りた時には，財布は手に持っていて，そ
れをズボンのポケットに入れたのに，それが飲食後の
会計の際にはなくなっていたということですが，お店
で飲食中に財布は出しましたか。

出していません。

注文するときに，現金がいくら残っているかとか，財布の中身を気にしなかったのですか。

5,000円は入っていると分かっていましたから気にしませんでした。

そうすると，あなたとしては，会計するその時まで，あなたのズボンのポケットに財布があると思っていたわけですか。

そうです。

財布はズボンのどのポケットに入れていたのですか。

後ろのポケットです。

財布はどんな形でしたか。

二つ折の財布です。

ズボンの後ろのポケットからなくなったら気が付きませんか。

気が付きませんでした。

財布がなくなっていた理由について何か心当たりはありませんか。

ありません。

　被疑者の弁解の核心は，「5,000円が入った財布を持っており，それがあれば支払えたし，それがあると思っていた。」というものです。支払いの意思は支払い能力があることが前提ですから，「財布に5,000円入っていた」というのは支払い能力があったという弁解であり，「それがあると思っていた」というのは支払い意思があったという弁解です。

　ですから，本件で詐欺の犯意を認定する上で重要な点は「被疑者が財布を持っ

ていた事実」の有無です。

　そのため，その財布について，被疑者は，どんな財布を持っており，最後にそれを確認したのはいつなのかなど，財布に関する事実をオープンに細かく聞いているわけです。

　いままでの問答でも，

・タクシーを降りる時までは持っていた財布が居酒屋Xの会計時にはなくなっていること

・注文時に財布の存在や中身を確認していないこと

・ズボンの後ろのポケットに入れていた財布がなくなっていることに気が付いていないこと

・財布がなくなっていることに心当たりがないこと

など不自然な点がいくつかありますが，どれも決定的とまでは言えません。

　ただ，今までの問答で明らかに不自然な点がありましたので，そこを確認します。

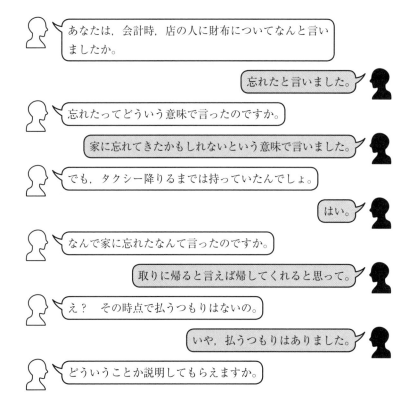

あなたは，会計時，店の人に財布についてなんと言いましたか。

忘れたと言いました。

忘れたってどういう意味で言ったのですか。

家に忘れてきたかもしれないという意味で言いました。

でも，タクシー降りるまでは持っていたんでしょ。

はい。

なんで家に忘れたなんて言ったのですか。

取りに帰ると言えば帰してくれると思って。

え？　その時点で払うつもりはないの。

いや，払うつもりはありました。

どういうことか説明してもらえますか。

家に忘れたと言って，帰してもらい，なくした財布を見つけて支払うつもりでした。

 あなたは，会計時に財布がないと気が付いて，「あれ，財布がない。さっきまで持ってたんだけど」というような，先ほどあなたが説明したような状況を店員には言いましたか。

言ってません。

 なんで。

言っても信じてもらえないと思って。

なんで。

なんとなく。

　この事案は，証拠構造上，被疑者が「会計時に財布を持っていなかった」という間接事実から無銭飲食の犯意を推認しなければならない点で，「被疑者が店に入る直前に財布を持っていたか」が問題となります。

　そして，「被疑者が店に入る直前に財布を持っていなかったこと」を立証するのはそれほど容易ではありません。

　ですが，証拠上，被疑者は，居酒屋Ⅹの会計時，財布を「忘れた」と言い，財布がなくなったことに驚いたり狼狽したりする様子を見せていませんでした。

　そして，「忘れた」という言葉は，通常，財布が今どこにあるかを知っているが，現在所持していない場合に使う言葉です。

　ですから，「忘れた」の意味を説明させるために，一番最初に，

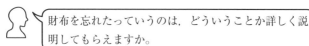 財布を忘れたっていうのは，どういうことか詳しく説明してもらえますか。

と聞いたのです。

　これに対し，被疑者は，

> 家を出る時には，財布を持っていて，居酒屋Ｘにもタクシーで来て，代金を支払ったのですが，居酒屋で精算するときに確認したら財布がなくなってました。

と，財布は持っていたが，なくなったのだと供述しました。

　そこで，まずは，「なくした」ことについて，被疑者に十分に語らせた上で，店員に「忘れた」と言ったことの不自然さを明らかにしようとしています。

　被疑者は，店員に「忘れた」と言い，取調べでも「忘れた」と一旦供述したにもかかわらず，その後，「忘れた」の詳細を聞かれて，「なくした」と供述を変遷させました。

　「忘れた」と「なくした」では意味が大きく異なりますから，そのことだけでも不自然ですが，ここで大切なことは，その変遷の理由を考えることです。

　つまり，被疑者は，「忘れた」との供述を維持した場合，更生保護施設の居室に財布があるということになり，その捜索の結果，財布がないことが発覚したり，財布があっても中の現金が乏しいことが発覚することを恐れた可能性があります。

　そこで，その点を意識した上で，被疑者の支払い能力について聞いていきます。

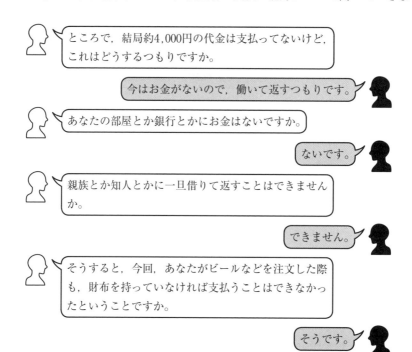

> ところで，結局約4,000円の代金は支払ってないけど，これはどうするつもりですか。

> 今はお金がないので，働いて返すつもりです。

> あなたの部屋とか銀行とかにお金はないですか。

> ないです。

> 親族とか知人とかに一旦借りて返すことはできませんか。

> できません。

> そうすると，今回，あなたがビールなどを注文した際も，財布を持っていなければ支払うことはできなかったということですか。

> そうです。

この問答で明らかにしていることは，被疑者に財布がなければ支払い能力がなかったということです。財布がなければ，部屋や銀行等にはお金は持っておらず，お金を借りるために頼れる人もいないので支払い能力がなかったということを被疑者に供述させています。

　ここを埋めることで，被疑者が詐欺罪の成立から逃れる方法は，「居酒屋Xで財布を持っていると思っていた。」の1点しかなくなりました。

　逆にいえば，「財布を忘れた」という供述では，被疑者は，その財布の有無の裏付けを取られ，財布がないか財布にお金がないことが発覚するため，「財布をなくした」ことにし，「居酒屋Xで財布を持っていると思っていた。」との一点勝負に賭けたのでしょう。

　しかし，他方で，居酒屋Xにおいては，お金を払わずに店を立ち去る必要がありますから，「財布をなくした」とは言わず，「忘れたので取りに帰る」と言ったのでしょう。

　つまり，「忘れた」と「なくした」という各供述には被疑者がそれぞれそう言わなければならない理由があると考えられます。

　そして，被疑者は，その供述の変遷により，墓穴を掘っているわけです。

　証拠構造に照らして，これまでの発問の内容と順序を振り返ります。証拠構造上，被疑者の詐欺の故意を立証するためには，

居酒屋Xで財布を持っていると思っていた。

という被疑者の弁解を弾劾する必要があります。

　そのために一番重要な間接事実は，被疑者が会計時に財布を持っていなかったという客観的な事実です。

　しかし，財布を持っていなかった理由は，被疑者が居酒屋Xの店員に言ったように「忘れた」からかもしれません。

　そこで，

財布を忘れたっていうのはどういうことか詳しく説明してもらえますか。

と，「忘れた」点について，オープンに詳しい説明を求めています。

　そして，出てきた回答は「なくした」でしたから，どこでどのようになくした

のか，最後に財布があったのを確認した場所と，最初に財布がなくなっているのに気が付いた場所を細かく確認し，その不自然さを明らかにしています。

タクシーを降りて店に入る時にはズボンの後ろのポケットにあったはずの財布が，会計時にはなくなっており，会計までそのことに気が付かないなど通常は考えられません。

ただ，今回の取調べで明らかになるのはこの程度でしょう。今回の取調べでは，タクシーに乗ったという裏付けの取れる供述が出ましたから，居酒屋Xの入店時間前後の付近の防犯カメラから被疑者を乗せたタクシーの有無を捜査する必要があります。

また，○○駅及び付近の防犯カメラからも被疑者の足取りを裏付ける必要があります。

さらに，被疑者の居室の捜索も必要でしょう。

それらの捜査結果を踏まえつつ，再度被疑者を取り調べる必要があります。

捜査は，①物→②供述→③物→④供述という繰り返しを経て真実解明を目指すものであり，今回取り上げた取調べは②の位置付けです。

今回は，詐欺の犯意を立証するための間接事実が，「会計時に財布を持っていなかった事実」だけという比較的難しい事件を題材に検討しました。この間接事実は，無銭飲食の犯意を推認はしますが，これだけで認定することは難しいのも事実ですから，被疑者から弁解を十分に聞き出し，その不合理な点を整理するとともに，なるべく裏付けの取れる供述を聞き出して，弁解の「信用性」を吟味することが大切です。

防犯カメラの精査の結果，被疑者がタクシーに乗らずに居酒屋Xに行ったことが明らかになれば，弁解が虚偽であることが証明され，かかる虚偽の弁解をした理由は，支払い能力があると思っていたことにしたいというものでしょうから，犯意の立証にプラスに働きます。他方で，被疑者がタクシーに乗車して居酒屋Xに来たことが明らかになれば，その車載カメラによって，被疑者がタクシー代を支払いタクシーを降りる様子が特定できるかもしれません。そして，千円札を支払い，お釣りをポケットに入れながら，財布を手に持って降車している様子が確認できたのであれば，その弁解は真実である可能性が出てきます。

結果はいずれであれ，「会計時に財布を持っていなかった事実」という間接事実だけでは推力が十分でないことを意識した上で，できる限り，オープンな質問をしていく中で，裏付けのとれる具体的な供述を得られるようにすることが大切です。

なお，

無銭飲食のつもりでした。

という供述はそれ自体では価値がないというのは，「それだけでは」，という意味です。

もちろん，今回の設例でも，

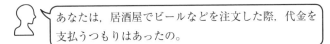
あなたは，居酒屋でビールなどを注文した際，代金を支払うつもりはあったの。

いいえ。

じゃあ，最初から代金を払うつもりがなくて注文したの。

そうです。

なんで，そんなことしたのか詳しく聞かせてもらえる。

私は，その日の所持金が238円しかなくて，夕飯を食べるにもお金がなくなってしまい，収入の見込みも，預金も，借りる人もいませんでした。
ですから，スーパーで万引きするか，無銭飲食するかと考えましたが，ビールが飲みたくて，万引きだと，ビールなどがかさばるし，ばれて捕まったらビールが飲めないと思ったんで，確実にビールが飲める無銭飲食をしようと思って，更生保護施設から歩いて，居酒屋Xに行きました。
会計の際には，「財布を忘れたので取りに帰る」と言って，立ち去るつもりでしたが，店員に警察に通報され，逮捕されてしまいました。

などと具体的に供述するのであれば，意味があります。

その場合には，

収入の見込みがなかったという点について詳しく聞かせて。

預金の状況について詳しく聞かせて。

お金を借りるあては全くないの。

などと，支払い意思と能力に関する事項を掘り下げて聞いていき，具体的な供述を得て裏付けをしていくことになります。

そして，裏付けがとれれば，自白の信用性を高めることができ，詐欺の故意を認めることができます。

最初から素直に自白をしている被疑者であれば，オープンに聞いて具体的に語らせ，裏付けをとって，信用性を吟味する，という手順を基本どおりに進めればいいのです。

私が言いたいのは，否認している被疑者に対し，故意があったことを押し込み，

調書例

　　　私は，無銭飲食をするつもりで無銭飲食をしました。

とだけ録取するような問答は，価値がないということです。

ところで，一般論としては，第7講の殺人未遂の設例のように，被疑者が殺意の有無についてどう供述しようとも殺意が認定されてしかるべき証拠関係の下では，被疑者の自白を得られる可能性が高く，今回のような，「会計時に財布を持っていなかった事実」しか間接事実がないような証拠関係の下では，被疑者の自白を得るのは難しいといえます。

しかし，できる限り，オープンな質問をしていくなかで，裏付けのとれる具体的な供述を得て，詐欺の故意を推認させる間接事実の収集に努め，被疑者が何と供述しようとも故意が認定されてしかるべき証拠関係になれば，自白を得られる可能性が高まります。

自白が得られるかどうかは，証拠構造に照らした物証等の収集状況によるところも大きいですから，各取調べを，捜査の段階に応じた位置付けを意識しながら行うことも大切です。

次講も設例を変えて，故意が争点となる問題を検討します。

コラム ● ● ● 「自白を得る」の３つのレベル

　否認している被疑者から「自白を得る」ということには，３つのレベルがあります。

　まずは，対象となる事件を２つの類型に分類する必要があります。

　１つ目の類型は，「証拠構造」上，被疑者の「自白」が得られなくても有罪が立証できる事案です。

　２つ目の類型は，「証拠構造」上，被疑者の「自白」が得られなければ有罪の立証が難しい事案です。

　１つ目の類型においては，基本的には「自白を得る」必要があります。

　なぜなら，これは本書で指摘している「技術」が身に付けば，十分に可能なことだからです。

　もちろん，相手は人間ですから，根っからの詐欺師とか，事情があって真実を語ることができない人など，必ずしも自白を得られるわけではありません。

　しかし，基本的には，プロの取調官である以上，この類型の被疑者から自白を得られないとすれば，まずは大いに反省すべきです。

　そして，この類型の被疑者から自白が得られたとしても，次に２つのレベルに分かれます。

　まずは，①犯罪事実についてのみ認める「自白を得る」レベルがあり，次に，②犯罪事実を超える事実関係（犯行に至る経緯や動機，犯行後の事情や余罪など）について「自白を得る」レベルがあります。

　もちろん，②のレベルを目指すべきですが，①のレベルの「自白を得る」という意味と②のレベルの「自白を得る」という意味には質的な違いがあります。

　ただ，この場合の２つは連続するので，①のレベルの自白が得られれば，そのまま②のレベルの自白が得られることも多いです。

　さらに，３つ目のレベルとして，最初に２つ目の類型として挙げた，「証拠構造」上，被疑者の「自白」が得られなければ有罪の立証が難しい事案で「自白を得る」というレベルがあります。

　このレベルの「自白」は，そもそも，「証拠構造」上，被疑者の「自白」が得られなければ有罪の立証が難しいため，犯罪事実についてのみ認める自白を得てもあまり意味はなく，犯罪事実を超える事実関係について詳細な

「自白を得る」必要があります。

　これは本書で指摘している「技術」だけでは得難いのも事実です。

　なぜなら，オープンに「聴取」しても被疑者は真実を語りませんし，とはいえ，被疑者を追及するための「物的証拠」も十分ではないからです。

　しかしながら，「取調べの技術」を身に付けた取調官は，この３つのレベルを明確に意識して区別していますから，３つ目のレベルの「自白を得る」ための工夫ができるようになります。

　その意味でも，基本となる「取調べの技術」を身に付け，まずは，①のレベルの「自白を得る」ことができるようになることが大切だと考えます。

　また，取調官は，自分の担当している被疑者が，１つ目の類型と２つ目の類型のいずれに当たるのかを「証拠構造」から把握しておく必要があるのです。

第9講
特殊詐欺の受け子等
～故意に関する取調べ③

ここがPOINT
故意の推認にどのような間接事実が必要かを意識する

はじめに

本講では，特殊詐欺の受け子等の3つの設例を検討します。

問答は個別に検討しますが，まずは，全ての設例に目を通して，事案の違いと聞き取りのポイントを考えてみてください。

設例1

　被疑者（25歳）は，金に困り，SNSで「割のいい仕事」を検索し，いわゆる受け出し（受け子と出し子）の仕事を引き受けた。被疑者は，SNSのメッセージアプリで指示役と連絡を取り合い，指示役の指示で，スーツにネクタイ姿で某県内の被害者（85歳）方を訪れ，「銀行協会」の「サトウ」を名乗り，被害者からキャッシュカードを受け取った。その後，被疑者は，私服に着替え，眼鏡にマスクを着用し，付近の銀行ATMで，同キャッシュカードを使用し，指示役から聞かされた暗証番号を入力し，現金100万円を引き出した。報酬は，引出額の1割との約束であり，被疑者は，10万円を受け取った。

　現金が引き出されたことに気が付いた被害者が警察に届出を行い，警察は，現金が引き出されたATM設置のカメラ映像等から被疑者を特定し，通常逮捕した。

被疑者から何をどのように聞くべきか。

・・・

検 討

　本件は，典型的な受け子の事案です。被疑者は，「銀行協会」の「サトウ」という架空の団体，偽名を名乗り，キャッシュカードを受け取っています。

　被害者は，いわゆる架け子から，保険金の還付金を受け取るためには，キャッシュカードの更新が必要であり，銀行協会の職員に古いキャッシュカードを預けてもらわなければならないなどと言われ，だまされました。

　※ ＝取調官，🙎＝被疑者を示します。

　このような事案で被疑者が，

詐欺をしているという認識はありませんでした。

と，いくら故意を否認しても，詐欺の故意は優に認定できます。

　なぜなら，被疑者は，①スーツにネクタイという格好で，②「銀行協会」の「サトウ」という嘘の所属や名前を名乗り，キャッシュカードを受け取り，③その被害者名義のキャッシュカードを使用して，指示役から聞いた暗証番号を入力し，100万円もの大金を引き出し，④10万円もの高額の報酬を受け取っているからです。

　この①～④の事実とその認識があれば，詐欺の故意は推認されます。

　したがって，

被害者がだまされていると分かっていましたか。

いいえ。

であるとか，

あなたも，詐欺組織の一員として受け子をやっていたんでしょう。

いいえ。

などという生産性のない発問をするのではなく，

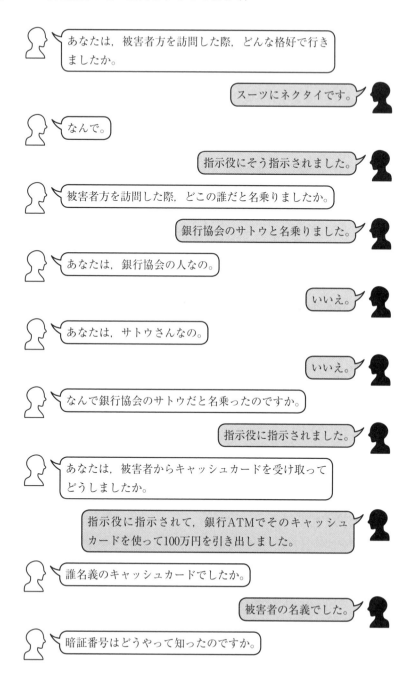

あなたは，被害者方を訪問した際，どんな格好で行きましたか。

スーツにネクタイです。

なんで。

指示役にそう指示されました。

被害者方を訪問した際，どこの誰だと名乗りましたか。

銀行協会のサトウと名乗りました。

あなたは，銀行協会の人なの。

いいえ。

あなたは，サトウさんなの。

いいえ。

なんで銀行協会のサトウだと名乗ったのですか。

指示役に指示されました。

あなたは，被害者からキャッシュカードを受け取ってどうしましたか。

指示役に指示されて，銀行ATMでそのキャッシュカードを使って100万円を引き出しました。

誰名義のキャッシュカードでしたか。

被害者の名義でした。

暗証番号はどうやって知ったのですか。

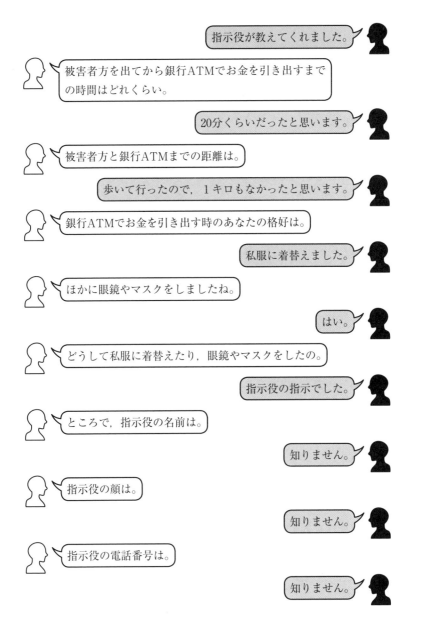

指示役が教えてくれました。

被害者方を出てから銀行ATMでお金を引き出すまでの時間はどれくらい。

20分くらいだったと思います。

被害者方と銀行ATMまでの距離は。

歩いて行ったので，1キロもなかったと思います。

銀行ATMでお金を引き出す時のあなたの格好は。

私服に着替えました。

ほかに眼鏡やマスクをしましたね。

はい。

どうして私服に着替えたり，眼鏡やマスクをしたの。

指示役の指示でした。

ところで，指示役の名前は。

知りません。

指示役の顔は。

知りません。

指示役の電話番号は。

知りません。

と淡々と，詐欺の故意を推認させる間接事実を確認していきましょう。

　これらの事実は，防犯カメラの映像や被害者の供述などから特定できますから，被疑者も言い逃れができません。

　そして，言い逃れのできないこれらの事実からだけでも詐欺の故意は十分に立

証できます。

　ですから，

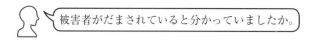
被害者がだまされていると分かっていましたか。

であるとか，

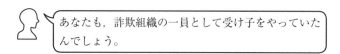
あなたも，詐欺組織の一員として受け子をやっていたんでしょう。

などという質問は，不適切であり，無駄な否認供述を誘発するだけです。

　そうではなくて，詐欺の故意を推認させる事実を一通り供述させた後で，

自分が詐欺に関わっていることは分かっていたよな。

と聞けば，普通は，

はい。

と認めざるを得ないはずです。

　もちろん，

いいえ。

と否認する可能性もありますが，その場合は，

ええっ。

と，びっくり驚いている様子を見せた上で，

詳しく聞かせてもらえる。

とオープンに聞いて，なるべく具体的に語らせましょう。

ここから被疑者が供述する内容は，語れば語るだけ不合理なもののはずですから，録音録画が威力を発揮します。

　なるべくオープンに聞き，なるべく詳細を語らせることがポイントです。

　つまり，「間接事実十分型」とでも名付けるべき，この種の事案では，被疑者が故意を認める供述をするかどうかはあまり関係ありません。被疑者が黙秘をした場合も同様です。

設例2

　被疑者（25歳）は，金に困り，SNSで「割のいい仕事」を検索し，宅配便で送られてきた荷物を受け取る仕事を引き受けた。被疑者は，SNSのメッセージアプリで指示役と連絡を取り合い，指示役の指示で，某県内のアパートの一室まで行き，部屋の中で，「サトウ」宛て荷物を，「サトウ」と署名して受け取った。被疑者は，受け取った荷物をアパートの外で見張りとして待機していた氏名不詳の男に渡す予定であった。また，被疑者は，アパートの周りに複数の見張役がいることを認識していた。

　しかし，荷物を運んだのは，被害に気が付いた被害者から事前に通報を受けていた警察官であり，警察官は，荷物を偽札にすり替え，宅配便業者に扮してアパートを訪れ，被疑者を現行犯人逮捕した。

　被疑者から何をどのように聞くべきか。

検　討

　本件では，被疑者は，①アパートの一室に入り込み，宅配便による荷物の到着を待ち，②到着した荷物を「サトウ」と偽名で署名して受け取っています。

　怪しさ満点ですが，詐欺の故意を推認するのに十分でしょうか。

　設例1とは異なり，被疑者は，現金の引き出し行為をしていません。また，スーツとネクタイ姿で高齢者の家にも行っていません。被害者方に訪れていないため，被害者がどういった経緯で荷物を発送したのかは知らなくても不思議はありません。そもそも，受け取った荷物の中身も知っているのか分かりません。

　この事例の①②の事実だけでは，直ちに詐欺の故意を推認させるとはいえないでしょう。すなわち，「間接事実不十分型」といえます。

このような事案では，詐欺の故意を立証するためにほかにどのような間接事実が必要かを十分に検討して取調べを行う必要があります。

そして，詐欺の故意の立証にどのような間接事実が考慮されているかは，裁判例などを調査する必要があります（宅配便を利用して空室に送付させる手口の詐欺については最高裁判例（最三小判平成30年12月11日）があります。）。

さて，最高裁判決においては，異なる場所で異なる名宛人になりすまして同様の受領行為を多数回繰り返していることや，1回につき約1万円の報酬を受け取っていること，犯罪行為に加担していることを認識していたことを自認していることなどを根拠に詐欺の故意を認定しています。

設例では，①②しか分かりませんから，③被疑者は同種の行為を繰り返していたのか，④報酬は受け取っていたのか，⑤何らかの犯罪行為に関わっているとの認識はあったのか，などを聞いていく必要があるということになります。

そこで，

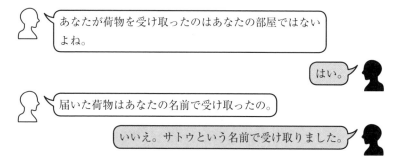

と，判明している事実を確認するとともに，

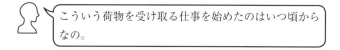

と，③同種の犯行を繰り返していたのかを確認します。

と聞いてもいいかもしれませんが，この発問だと

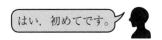
はい，初めてです。

という供述を誘発しやすく，通常は，逮捕されたときが初めてとも考えにくいですから，「いつから始めたのか。」と聞く方が適切でしょう。

　ここは，指示役とのやりとりが被疑者のスマートフォンなどに残っていれば裏が取れる事実になります。

　もっとも，素材とした事例では，被疑者は逮捕された時に，ほかにも複数の宅配便伝票を所持しており，それぞれ異なる名前で受け取りのサインをしていました。

　そういう物証があるのであれば，

こういう仕事をしたのは初めて。

と聞いて，供述態度を見極めてみるのも手かもしれません。

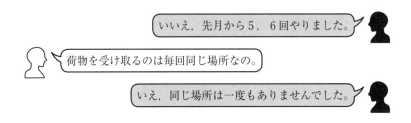
いいえ，先月から5，6回やりました。

荷物を受け取るのは毎回同じ場所なの。

いえ，同じ場所は一度もありませんでした。

　続いて，④報酬について，

報酬についてはどういう約束だったの。

1回2万円の約束でした。

などと金額を供述させましょう。

　そして，

荷物は何だと思っていましたか。

と，⑤何らかの犯罪行為に関わっているとの認識の有無を聞きます。

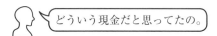
現金だと思っていました。

と供述したのなら，詐欺の故意は認めるのかな，とも思えますが，実際には，

どういう現金だと思ってたの。

との質問に対し，

会社の社長さんが，表に出せない金を愛人に渡すの
に，空き家に送って届けさせているのかと思っていま
した。

と馬鹿な弁解をしました。

　なぜ馬鹿な弁解かといえば，すでに被疑者は，先月からこれまで5，6回，毎回違う場所で荷物を受け取ったと供述していますので，1か月の間に，あちこちに愛人に渡す現金を郵送する会社社長って……というのが1つと，愛人に渡す現金を空き家に送ったのだとして，それを愛人が受け取れば済む話ですから，わざわざ，指示役を使い，被疑者に2万円を支払い，さらに，受取役から運搬役へと荷物をリレーするはずがありません。しかも，その荷物には見張役までおり，被疑者は運搬役や見張役の存在には気が付いていたとも述べていたからです。

　こういう弁解をした被疑者は，基本的には，故意を認めざるを得ないところまで追い込まれますので，被疑者が「社長が愛人に渡す現金だと思っていた」旨供述した時点でほぼ「詰み」といえます。

　ただ，ここでも，荷物が現金だと思っていたという被疑者に対し，

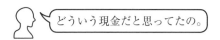
どういう現金だと思ってたの。

と，オープンに具体的な供述を求めたからこそ，引き出せた供述内容です。
　ところで，仮に，

荷物の中身は何だと思っていましたか。

覚醒剤だと思っていました。

と中身が現金以外の違法なものだと思っていたので，詐欺だとは思わなかったという弁解が出た場合には，

なんで覚醒剤だと思ったの。

と，覚醒剤だと認識した根拠を具体的に説明させます。

　通常は，およそ合理的な説明はできないはずです。

　なぜなら，特殊詐欺の場合，詐欺組織は，なるべく個々の役割を細分化し，担う行為を分担させることで，犯意を薄め，罪悪感を薄め，組織に関わる人間を集めやすくし，かつ，逮捕されたときの弁解をしやすくするものであるのに対し（組織は受け子等が逮捕されることは何とも思っていませんが，逮捕されてしまえばその分だまし取る金額が少なくなりますし，それよりも，逮捕され起訴されるリスクが高いと周知されれば，受け子のようなリスクの高い行為をやる人間を集めにくくなるため，色々な工夫をします。），覚醒剤の密売組織は，組織の人数を少なくし，密行性を高めることで，薬物密売の成功確率を上げようとするからです。

　一般人が被害者であり，犯人が被害者に接触し，被害者から財物をだましとる必要がある詐欺組織と，末端使用者も犯罪者であり，仕入れから密売まで一般人を介在させる必要がない覚醒剤密売組織とでは，末端行為者の調達について，組織構成が決定的に異なります。

　その意味で，SNSなどで集めた信用できるかどうかも分からない会ったこともない人間に覚醒剤を運ばせるとは通常は考えられません。

　荷物の中身が覚醒剤だと思った理由につき，

荷物を受け取るだけで2万円ももらえるとしたら高価なものだと思ったので。

などと答えた場合には，

ほかには，高価なものって何が思いつく。

拳銃とか。

と，逆に荷物の中身が現金だと思わなかった根拠を聞きます。

　荷物を受け取るだけで，高額な報酬がもらえる高価なものだと思っていたのであれば，まず現金を思い浮かべるのではないでしょうか。

　ですから，現金ではないと確信した根拠を具体的に掘り下げて聞いていきます。

　ここは逃がしてはいけません。詳しく聞いていけば，

などとなり，最終的には，

荷物は現金かもしれないと思っていました。

と，少なくとも未必的な認識までは認めざるを得ないはずです。

　そして，荷物が現金である可能性を認識していたからには，それがだまされた人が郵送したものである可能性も認識していたはずです。

　なぜなら，現金を宅配便で送るという行為は，正常な社会生活では考えにくいからです。

　現金を他人に渡す方法は，通常，銀行等を通じて送金するか，現金書留で送金するか，手渡しで渡すかのいずれかではないでしょうか。

　なお，捜査において，「正常なフロー」を意識することは大切です。なぜなら，「正常なフロー」と「当該フロー」がかけ離れていれば，それが違法性を推認させるとともに，故意を推認させるからです。

　本件でも，「正常なフロー」だと「宅配便で現金は送らない」ところ，「当該フロー」は，「宅配便で現金が送られる」という内容であり，被疑者はその認識があることから，「違法なことに関わっていると分かるだろう。」となるわけです。

　さらに，普通，①アパートの一室に入り込まないよね，普通，②「サトウ」などと偽名で荷物受け取らないよね，という「正常フロー」からの逸脱が被疑者の詐欺の故意を推認させる方向に働くわけです。しかも，被疑者は，③それを複数回繰り返し，④高額の報酬を受け取っています。

　こうなってくれば，詐欺の故意も十分に立証できるでしょう。

　「正常なフロー」と「当該フロー」の距離が違法性の程度であり，故意を推認させる根拠となりますから，何が「正常なフロー」なのかを常に意識し，当該事案がどれだけ「正常なフロー」と比べて異質なのかを証拠化することは非常に大切なことです。

設例3
• • • • • • • • • •

　被疑者（25歳）は，金に困り，SNSで「割のいい仕事」を検索し，宅配便で送られてきた荷物を受け取る人間を見張る仕事を引き受けた。被疑者は，SNSのメッセージアプリで指示役と連絡を取り合い，指示役の指示で，某県内のアパートの一室まで行き，**設例2**の被疑者が荷物を受け取る様子を見張っていた。被疑者は，宅配便業者に扮した警察官が荷物をアパートに届けた際，付近を警戒

していた警察官に職務質問された。被
疑者は，職務質問に対し，「荷物の見
張役をしています。」と答えたため，
警察は，被疑者を現行犯人逮捕した。

　被疑者から何をどのように聞くべき
か。

●●

検　討

　本件では，被疑者は，荷物の受取役の見張役です。

　設例2のように，アパートの一室に入り込んでもいませんし，偽名を名乗って
荷物を受け取ったわけでもありません。

　詐欺の故意を推認させる間接事実は，SNSで紹介された仕事であることと本件
荷物が配達された現場におり，見張りをしていたことくらいしかありません。こ
れらの事実だけでは，詐欺の故意を推認させるとはいえません。すなわち，「間
接事実不十分型」です。

　この場合，被疑者がそこにいた経緯，被疑者の供述する「見張役」とはどのよ
うな役割か，報酬はいくらか，これまで同種の行為をどれだけしていたのか，な
どをオープンに質問して具体的な供述を得ていく必要があります。

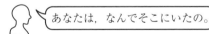
あなたは，なんでそこにいたの。

友達のXから荷物の見張りだけの簡単な仕事で1回2
万円だと誘われて。

その友達は一緒にいたの。

一緒に現場のアパートの前まで行ったら，指示役の人
からもう1件別の現場があるから，どちらか一人は
そっちに行ってほしいと言われて，Xの車で移動して
いたので，Xがもう1件の現場に行くことになりました。

見張役って具体的に何をするの。

指示されたアパートの部屋の前で，宅配便の車が来た
ら，それをメッセージアプリで指示役に伝えて，荷物

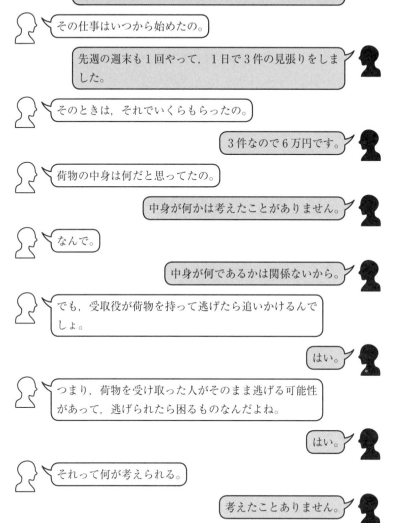

を受け取った人が出てきたらそれも伝えて，という感じで状況を逐一指示役に報告することと，荷物を受け取るやつが逃げないか見張る役ですね。

その仕事はいつから始めたの。

先週の週末も1回やって，1日で3件の見張りをしました。

そのときは，それでいくらもらったの。

3件なので6万円です。

荷物の中身は何だと思ってたの。

中身が何かは考えたことがありません。

なんで。

中身が何であるかは関係ないから。

でも，受取役が荷物を持って逃げたら追いかけるんでしょ。

はい。

つまり，荷物を受け取った人がそのまま逃げる可能性があって，逃げられたら困るものなんだよね。

はい。

それって何が考えられる。

考えたことありません。

　この弁解は，本当にふざけていて腹立たしいのですが，ここまで逃げを決め込まれたら，荷物の中身を考えさせるループに入るのは得策ではありません。

　被疑者は，荷物の中身は，受取人が持ち逃げするようなもので，持ち逃げされたら指示役が困るもので，そのために見張役を付け，1回2万円も払っているの

だという各事実を認識していますので，この点は十分だと思います。

これ以上は，供述ではなく，物証で勝負するところです。

もちろん，物がない場合もありますが，本件では，指示役と被疑者のメッセージアプリのやりとりが残っており，指示役が被疑者に対し，受取役をやらせ，荷物を持ち逃げすることをそそのかしているトーク履歴があり，成功した場合には「被疑者6：指示役4」との分け前が提示されていました。

つまり，持ち逃げすれば，「6：4」の報酬を分け合えるものですから，通常は現金でしょう。持ち逃げした覚醒剤を「6：4」で分けるとは思えません。その場合は，「換金した額の6：4」という約束になるはずです。

そこで，

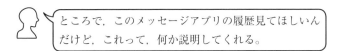

ところで，このメッセージアプリの履歴見てほしいんだけど，これって，何か説明してくれる。

と聞き，逃がさずに詳細を語らせれば「詰み」になるはずです。

ここでも取調べの発問の手順としては，「要証事実」を念頭に，事実を，オープンに聞いて，詳細を語らせた上で，物証との矛盾があれば，物証を示して，その意味をオープンに聞いて，詳細を語らせる，ということになります。

本講では設例を3つ検討しましたが，同じ特殊詐欺の受け子等の事案でも，**設例1**から**設例3**にかけて徐々に詐欺の故意を推認させる間接事実が弱くなっているわけです。そして，それゆえに，被疑者としては，**設例1**の被疑者は自白しやすく，**設例3**の被疑者は否認をしやすいのです。

また，取り調べる側としても，**設例1**の被疑者からは自白を得やすく，**設例3**の被疑者からは自白を得にくいのです。

これは，取調官の経験とか，技量とか，人格などによるものではなく，証拠構造の違いから必然的に生じる差異なのです。

コラム ● ● ● ● 裁判例から学ぶ

本講では，詐欺の故意が認められるためには，被疑者にいかなる事実についての認識があれば足りるのかが問題となる事案を取り上げました。

取調べは「事実」を聞くものですから，どのような「事実」を聞く必要があるのかを取調官が事前に明確に把握しておかなければ，適切な取調べがで

きるはずがありません。

　このような事案では，裁判例を調査して，その判断の枠組みを把握しておく必要があるのです。

　特殊詐欺においては，いわゆる「架け子」，「受け子」，「出し子」，「回収役」，「指示役」，「リクルーター」など様々に役割を分担していますので，各役割の人間ごとに客観的な行為と主観的な認識が異なります。

　例えば，「架け子」と「受け子」は詐欺の実行行為に関与する実行行為者ですが，「出し子」は窃盗の実行行為者ではあっても，詐欺の実行行為者ではありません。

　「出し子」は，どのような場合に，窃盗罪に加えて詐欺罪の罪責を負うのでしょうか。

　また，「回収役」は，詐欺の実行行為者でもなければ窃盗の実行行為者でもありません。

　「回収役」は，どのような場合に，詐欺又は窃盗の罪責を負うのでしょうか。

　「指示役」や「リクルーター」にも「回収役」と同様の問題があります。

　これらの問題については，裁判例を調査し，判決文の事実認定からその「射程」を意識し，取調官が担当している事件において，どのような事実関係を聞く必要があるのかを事前にきちんと整理して準備しておく必要があるのです。

　もちろん，比較的新しい問題などについては，裁判例も「動く」ものですから，裁判例を批判的に検討することも必要です。

　取調べに当たり，裁判例を十分に把握しておくべきものの具体例について，罪種の異なる設例を補講①に挙げておきましたので，併せて検討してみてください。

第10講
事務所荒し
～犯人性に関する取調べ

ここがPOINT

犯人であれば当然に答えられるはずの事実を客観証拠と矛盾なく供述しているかを吟味する

はじめに

　本講では，「被疑者調べ」の最後として，被疑者の犯人性が問題となる事件を例に，余罪に関する取調べについて考えてみましょう。いつものように，設例は実際の事件を参考にした仮想事例です。

設　例
・・・・・・・・・・

　被疑者（28歳）は，パチンコ代欲しさに，以前勤めていた会社事務所に侵入し，事務所内の携帯用金庫を持ち出し窃取した。金庫の中には約7,500円が入っていた。被疑者は，以前同事務所に勤務していたことから，同事務所には勝手口に鍵がなく，誰でも出入りできる状態であることを知っていた。この事件は某年4月某日の犯行であったが，被疑者は同年1月にも同様に同事務所に侵入し，携帯用金庫を盗み出したことがある。

　被害会社は，1月の被害については警察に被害申告はせず，勝手口の出入口に防犯カメラを設置して対応した。それを知らずに2回目の犯行に及んだ被疑者が防犯カメラの映像等から犯人と特定され，通常逮捕された。被疑者は逮捕当初から事実を素直に供述している。

この事案の被疑者調べにおいて，何をどのように聞くべきか。

・・・

検 討

　まずは，本件（4月某日）の犯行状況から詳しく聞いていきましょう。

　※ ＝取調官，　 ＝被疑者を示します。

＜動機，経緯について＞

　あなたは，某年4月某日，以前勤めていた会社事務所に行きましたか。

はい。

　時間と場所を特定し，質問の対象を絞った上で，なぜそこに行ったのか，どのようにして行ったのか，動機と経緯を確認します。

何をしに行ったのですか。

お金などを盗みに行きました。

お金を盗もうと思ったらいろいろ方法はあると思うんだけど，なんでその事務所に盗みに入ったのですか。

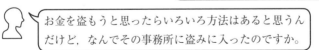
以前その会社で働いていて，勝手口に鍵がかかっていないことを知ってたので，お金が盗みやすいと思って。実は，その前にも1回入ってるんで。

4月の今回の件よりも前にも盗みに入ったということ。

はい。

勝手口に鍵がないのを知っていたし，過去にも1回成功していたからまたそこに入ってお金とかを盗もうとしたってこと。

そうです。

今回の４月のことについて聞いていきますけど，盗みに入った時間は何時頃だったか覚えてますか。

午前２時頃だったと思います。

なんでそう言えるの。時間の根拠ってありますか。

僕，不眠症で，あんまり眠れなくて。深夜12時過ぎても眠れないと，YouTubeでパチンコの動画見るんですよ。そうしたら，パチンコやりたくなって。でもお金もないから，などと考えていたら，事務所に行ってまた金盗っちゃおうかなって。だから，深夜の12時からしばらく動画見てから，車で行ったので，だいたい２時頃だったと思います。

午前２時頃に事務所に着いたってことでいい。

はい。

車はあなたが運転したの。

はい。

ほかに一緒に行った人はいる。

いません。一人でした。

車は誰の名義ですか。

一緒に暮らしていた彼女のものです。

彼女は一緒に行ってないの。

はい。

なんで。一緒に行ったほうがいろいろ盗めていいんじゃないの。見張りとかもしてもらえるし。

いや，彼女はしっかり者なので，盗みとか誘えるような人じゃありません。

　彼女に話したらどうなったと思う。

　馬鹿なことを言うなとかするなとか，怒られて終わりですね。

　彼女の車使ったら，彼女も仲間だと疑われると思わなかったの。

　そこまでは考えませんでした。

　バレるとは思ってないわけだな。

　まぁ，１回成功して慣れたという面はありますね。

<犯行態様について>

　着いてどうしたの。

　事務所の裏口に回って，鍵のないドアから中に入りました。

　中に入ってからは。

　そうしたら，以前にはなかった防犯カメラがあって。

　どこに。

　入って正面の上の方に。

　カメラと目が合うような感じかな。

　そうですね。あ，やばいって思いましたね。バレたな，と。

　それで。

　もうどうにでもなれと思って，金目のものを探したら前と同じように携帯用の金庫があったので，それを手に取って事務所から立ち去りました。

いやいや，防犯カメラ見つけて，あ，やばいって思ったら慌てて逃げないの。

もうバレたと思ったんで。どっちみちバレて捕まるならどうにでもなれと思って，パチンコのお金を盗もうと思いました。

携帯用の金庫はどこにあったの。

裏口から入って，すぐのところに経理を担当している方の机があるんですけど，その上にありました。

金庫のほかに盗んだものはある。

ありません。

パソコンとか，その他金になりそうなものを盗むつもりはなかったの。

金庫がなければ盗んだと思いますけど，金庫があったんで。

金庫には，いくらくらい入っていると思ってたの。

全く分かりませんけど，数万円入っていればいいなとは思ってました。
前も数万円入っていたので。

そもそも，会社は何のために携帯用の金庫を使ってたの。

細かいお金が必要になるときに，両替用にその金庫に札を入れて小銭を取り出していたのを見て，知っていました。

その金庫について聞きますけど，大きさは。

（手で四角を描くように大きさを示しながら）

これくらいですかね。

面積でいうとA4判くらいの大きさかな。

はい。

深さは。

（親指と人差し指で示しながら）

これくらいですかね。

10センチメートルくらいかな。

そうですね。

色は。

緑だったと思います。

で，それを手に取って裏口から出て行ったってことかな。

はい。

<犯行後について>

それからどうしたの。

車で5分くらいのコンビニの駐車場に車を止めて，盗んだ金庫をプラスドライバーでこじ開けました。

プラスドライバーはどうして持ってたの。

金庫があったら盗んでこじ開けるつもりで持ってました。前回もそうしたので。

 どうやってこじ開けたの。

 本体と上蓋の間にプラスドライバーの頭を突っ込んでこじ開けました。

 本体と上蓋の間にプラスドライバーが入るの。

 入りましたね。前回の金庫に比べて作りが雑な感じのもっと安い感じの金庫でしたし。

なんでマイナスドライバーを持っていかなかったの。

いや，家にプラスのドライバーしかなかったので。

 中にいくらあったの。

7,500円くらい。

内訳は。千円札が何枚で，五百円玉が何枚とか。

五千円札が１枚と小銭で2,500円分くらいありました。

どう入ってたの。金庫に。

金庫を開けると，小銭を入れるプレートがあって，五十円玉とかが束になっている棒が何本かとその他の小銭が入ってました。そして，そのプレートの下に五千円札がありました。

そのお金をどうしたの。

札と小銭は財布に入れて，小銭の棒はかばんに入れました。

それから。

家に帰る途中で，車からその金庫を川に投げ捨てて，帰りました。

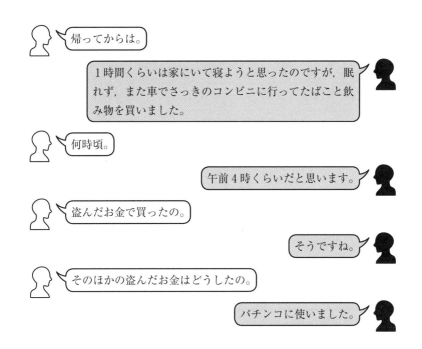

帰ってからは。

1時間くらいは家にいて寝ようと思ったのですが，眠れず，また車でさっきのコンビニに行ってたばこと飲み物を買いました。

何時頃。

午前4時くらいだと思います。

盗んだお金で買ったの。

そうですね。

そのほかの盗んだお金はどうしたの。

パチンコに使いました。

　さて，前回の犯行についての問いについて考える前に，本件の「証拠構造」について簡単に確認しておきましょう。

　「犯人性」を証明するための証拠として，「被害事務所の防犯カメラ映像」があります。しかし，この映像は不鮮明なもので，映像だけから犯人が被疑者と特定するには不十分なものでした。もっとも，①防犯カメラに映った男は，ズボンの裾を右側だけまくっており，足首の肌が見えているという特徴がありました。また，不鮮明ながら，この映像を見せたところ，被害会社の社長は，雰囲気から被疑者ではないかと供述しました。

　そして，②午前2時15分頃の現場から約3キロメートル離れた「コンビニの駐車場の防犯カメラ」に映った白い軽自動車は，被疑者の彼女の使用車両と車種，形状に矛盾はありませんでした。「コンビニの駐車場の防犯カメラ」に映ったその白い軽自動車は5分ほどその駐車場に駐車していましたが，運転手は降りることはなく，その場から走り去りました。

　さらに，③午前4時頃の「コンビニの駐車場の防犯カメラ」に先ほどと同じような白い軽自動車が駐車し，男が降りて店内に入っていく様子が映っており，「店内のレジ防犯カメラ」には，被疑者がたばこと飲み物を買う様子が映っていました。そして，被疑者の右足の裾はまくれて右足だけ足首の肌が見えていました。

図でまとめると次のようになります。

	時　刻	場　所	証　拠
①	2：00	現場	犯人（右足の裾がまくれている。）
②	2：15	現場から3キロメートルのコンビニ	白い軽自動車
③	4：00	同じコンビニ	白い軽自動車 ＝被疑者（右足の裾がまくれている。）

　すなわち，②2：15の白い軽自動車と③4：00の白い軽自動車が同一だといえれば，被疑者は犯行時刻の約15分後に現場から3キロメートル離れたコンビニにいたことになり，犯行の可能性があったことになります。もっとも，被疑者＝犯人とまでは直ちには証明できません。犯人の右足の裾がまくれて足首の肌が見えていたことと被疑者の右足の裾がまくれて足首の肌が見えていたことから，おそらく両者は同一人物だろうとはいえます。しかしながら，やはり，ここは被疑者の自白でつなぐ必要があります。
　そこで，
（現場の防犯カメラ映像の写真を見せて）

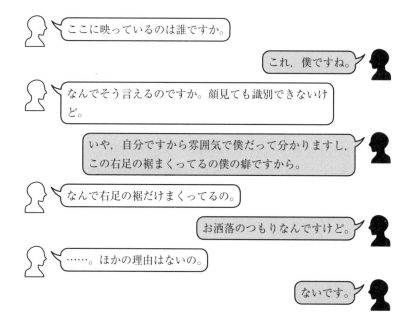

ここに映っているのは誰ですか。

これ，僕ですね。

なんでそう言えるのですか。顔見ても識別できないけど。

いや，自分ですから雰囲気で僕だって分かりますし，この右足の裾まくってるの僕の癖ですから。

なんで右足の裾だけまくってるの。

お洒落のつもりなんですけど。

……。ほかの理由はないの。

ないです。

（2：15のコンビニ駐車場の防犯カメラ映像の写真を見せて）

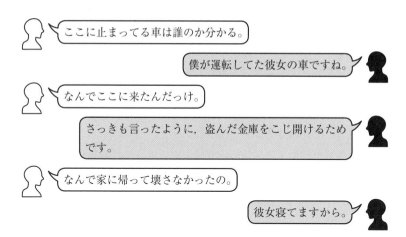

ここに止まってる車は誰のか分かる。

僕が運転してた彼女の車ですね。

なんでここに来たんだっけ。

さっきも言ったように，盗んだ金庫をこじ開けるためです。

なんで家に帰って壊さなかったの。

彼女寝てますから。

（4：00のコンビニ駐車場の防犯カメラ映像の写真を見せて）

ここに止まった車は誰のか分かる。

僕がたばこ買いに来た時のですね。

（4：00のコンビニ店内レジの防犯カメラ映像の写真を見せて）

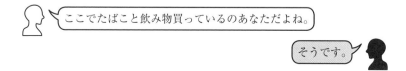

ここでたばこと飲み物買っているのあなただよね。

そうです。

　このように，一本の細い糸でつながっていた犯人＝被疑者という線を被疑者の自白によって太く濃くする必要があります。さらに，被疑者の自白の具体性によってその犯人性を明確にする必要もあります。ですから，事実をできるだけ細かく具体的に被疑者の口から語らせましょう。ポイントは，犯行態様と被害金の金種の説明をできる限り具体的にさせることにあります。

　本件では，被疑者は盗んだ金庫を川に捨てたと供述しており，引き当たりの上，金庫の検索も実施していますが，発見には至りませんでした。ですから，なるべく具体的に，金庫のあった位置や色，形状，盗んでからの開け方，開けたときの

金種を説明させ，裏付けの取れる事実については被害者から裏付けを取る必要があります。

　このようにして本件の犯行に関する供述を記録した上で，余罪である１月の犯行について聞いていきます。４月の犯行についても事務所の防犯カメラの映像だけでは犯人性を証明するには不十分でした。ですから，防犯カメラもなかった１月の犯行については，なおさら被疑者の犯人性を立証できるかを念頭に，慎重に事実を聞き取る必要があります。

　ただ，１月の犯行に関する供述の内容によっては，４月の犯行の犯人性も推認できる可能性があります。１回目の犯行の反省に立って２回目に工夫した点などがあれば，２回の犯行の自白がより迫真的なものだと評価できる可能性があるからです。

<前回の犯行について>

 今回金庫を盗む前にも１回盗みに入ったって言ってましたね。

はい。

 詳しく教えてもらえる。

はい，１月某日頃だったと思いますけど，パチンコ代が欲しくて，同じ事務所の裏口から中に入って，携帯用の金庫を盗みました。

 何日だって。

少し前のことなので正確には覚えてないですけど，３連休の真ん中の日曜日だった記憶です。

 なんでそう言えるの。

連休の真ん中の日であれば，翌日も休みなので，盗みに入ったのがバレるのに時間があっていいかなと考えたのは覚えているので。

 盗みに入ったのは何時頃。

 今回と同じく，彼女が寝てからなので，午前2時から4時の間ですね。

3連休の真ん中っていうのは，日曜日の午前2時から4時ってこと。それとも，月曜日の午前2時から4時ってこと。

 あ，月曜日の朝ですね。それでも，月曜日は1日バレないじゃないですか。

なんでその事務所に盗みに入ろうと思ったの。

 裏口に鍵がないのを知っていたし，携帯用の金庫にお金が入っているのも知っていたので。

いつまで働いていたんだっけ。

 前の年の末ですね。

最初にこっそり入る時さ，ドキドキしないの。

 そりゃ，心臓バクバクでしたよ。

あなたが犯人じゃないかって疑われると思わなかったの。

 少しは思いましたけど，証拠はありませんし，社員みんなに犯人の可能性がありますからね。

金庫の大きさは。

 4月の2回目よりはもう少し大きくて頑丈でした。たぶんいいやつだったんだと思います。こじ開けるのも大変でしたし。

 色は。

銀色でした。

盗んだ後はどうしたの。

今回と同じく，コンビニに車を止めて，運転席の足元に置いて隠しました。

金庫を盗んで事務所を離れる時，金庫は車のどこに置いていたの。

助手席です。

それをなんで運転席の足元に移動させたの。

家に戻って，彼女を会社に送る必要があったからです。

助手席に置いておいたら，彼女が座る時にバレてしまうってこと。

そうです。

でもさ，運転席の足元でも，「何それ。」ってならないの。

いや，軽の足元は助手席から見えにくいから大丈夫です。

トランクとかに隠そうとは思わなかったの。

いや，彼女たまに荷物入れるために開けたりするので。

そもそも，そのコンビニの駐車場で，2回目の犯行の時みたいに金庫をこじ開けようとは思わなかったの。

道具を持ってなかったので。

2回目はなんで道具を持ってたの。

1回目の時に，道具があればコンビニでこじ開けて，そのまま金庫は捨てて帰ればいいと分かったので，2

回目はそうしました。

で，1回目は，足元に隠して，それから。

家に帰って，少し寝て，朝，彼女を会社に送った後，部屋でこじ開けました。

どうやって。

1回目の金庫は頑丈で大変だったんですけど，上蓋と本体の間に，平たい金属を差し込んで少し隙間を作って，そこにプラスドライバーを差し込んで力ずくでこじ開けていきました。

何が大変だったの。

プラスドライバーを入れる隙間がなかなかできなくて。あと，隙間ができてドライバーを入れても鍵穴のところに金属の留め具が引っかかって，それをずらして外すのも大変でした。

1回目の金庫と2回目の金庫は違うのね。

違いますね。1回目の方が大きくて，鍵も鍵穴とダイヤルの2つあるやつでした。2回目は鍵しかないやつでした。

で，2回目の方が簡単にこじ開けられたの。

まぁ，1回やってるからコツをつかんだっていうのもあると思いますけど。

自宅で開けるじゃない。いくらくらいあったの。

札で3万円くらいと小銭で1万円くらいありました。

小銭で1万円もあったの。

はい。

 数えたの。

小銭がたくさんあったので，札に替えるために，数日後に郵便局のATMにいって小銭を入金したんですよね。そうしたら，小銭の限度額みたいなのがあって，1回じゃ入金できなくて，4，5回に分けて入金したんですよ。そしたら，それぞれ二千いくらみたいな金額になって。自分の郵便局の口座見てくれれば通帳に記録が残ってるはずですよ。

そうすると，その入金履歴の数日前の3連休の中日というか，日曜から月曜に変わった明け方が犯行日なのね。

 そうです。

そして，郵便局に入金履歴のあるのが盗んだお金の小銭の部分で，そのほかに札で3万円くらいあったのね。

 はい。

札の種類は。

確か，一万円札が2枚に，五千円札1枚と千円札が数枚だったような気がしますけど。

そのお金はどうしたの。

 パチンコに使いました。

こじ開けた金庫は。

車で山に捨てました。

1月に金庫をこじ開けたときは，平たい金属を使ったんだよね。プラスドライバーと。

 はい。

なんで2回目の犯行のときにその平たい金属を持って行かなかったの。

いや，1回目の金庫をこじ開けた際に，折れちゃって使えなくなっちゃったんです。

それはどうしたの。

捨てました。

で，1回目にうまくいって，またパチンコがしたくなって，1回成功して問題なかった事務所にもう1回入ったってことなのね。

はい。

でも，今回は防犯カメラが設置されていたと。

はい。捕まると覚悟してました。

それで，警察の方が来たときはどう思った。

ピンポーンって来て，朝早くから「なんだろう」と思って玄関ドアを開けたら何人も警察がいて，「分かるやろ」って聞かれて。
「事務所の件ですか」と言いました。

それから。

警察の方が令状を示して，「部屋見せてもらうぞ」ってガサっていうんですか，部屋をいろいろ探されました。

それから。

警察の方から「ほかにもあるだろう」って聞かれて。警察はみんな知ってるんだろうなと思って，「前にも一度同じことやっています」と正直に言いました。

警察の方からね，「今回よりも前に一度，事務所の金庫を盗んだことがあるだろう」と言われたことはあった。

それはなかったです。警察は全部知ってるんだろうと思ったので，自分から言いました。

　余罪の自白の経緯及び余罪の内容等については，警察が把握していない事実を具体的に供述し，その裏付けが取れれば秘密の暴露に当たりますから，できるだけ具体的に供述を得るようにしましょう。

　ただし，あくまでも，オープンに事実を１つひとつ聞いていくことが大切です。秘密の暴露に当たる事実を聞き出そうとして聞くのではありません。「供述させる事実」が先にあるのではなく，聞くべき事項について淡々と聞いていく中で，「供述として出た事実」の意味・真偽を評価するのです。ここは強く意識する必要があると思います。

　なお，被疑者に金種を確認したところ，小銭で１万円くらいあり，それを郵便局のATMに入れたという供述が出ましたが，これは被疑者名義の通帳から裏付けを取ることができ，同日に４回にわたり2,000円前後の入金がある事実が確認できました。このような入金履歴は前後の入出金歴と比しても特徴的なものでしたから，被疑者の自白を裏付ける証拠と評価できるでしょう。

　罪体について一通り聞きましたので，最後に今後のことについても聞いておきましょう。

＜今後のこと，反省について＞

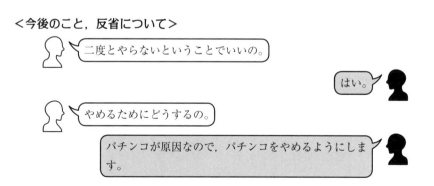

二度とやらないということでいいの。

はい。

やめるためにどうするの。

パチンコが原因なので，パチンコをやめるようにします。

ここで終えてはいけません。「パチンコをやめる」などと言って簡単にやめられるのであれば，犯罪に及ぶ前にやめろよ，って話ですから。

　そこで，その点を明らかにする次のような問いを発して，その点を明らかにします。

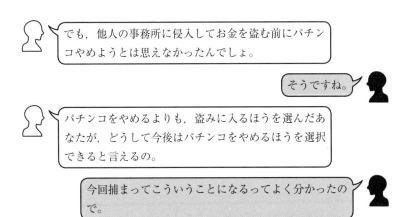

　ここは，パチンコをやめると被疑者が言っているものの，被疑者は，パチンコをやめるという選択肢と，盗みに入るという選択肢があった中で，パチンコをやめることを選ばず，盗みに入ったんですよ，ということを明確にすること自体に意味があります。

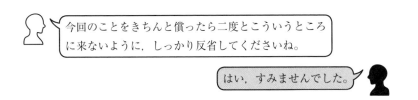

　本講では，犯人性が問題となる事案で，被疑者からいかに具体的な事実を聞き出すかを検討しました。犯人性が問題となる事案では，犯人しか知り得ない事実と心情を具体的に聞き出すことが大事であり，そのプロセスの中で，取調官は，被疑者が本当に犯人かをチェックする必要があります。

　具体的には，被疑者が，犯人であれば当然に答えられるはずの事実を客観証拠と矛盾なく供述しているかを吟味することになりますが，客観証拠に乏しい自白事件では，虚偽の自白ではないかを慎重に検討する必要があります。

また，自白事件であれ，否認事件であれ，犯人性に関する客観証拠に乏しい事件においては，余罪についても合わせて検討することで犯人性を吟味できることがありますので，同一犯人による犯行と思われる余罪の有無についてもあらかじめ把握検討し，取調べに当たる必要があります。

コラム　• • •　事件の組み立てを考える

　被疑者の取調べは，取調室の中だけで完結するものではなく，被疑者が留置施設にいる間に何を考えさせるかも含めて取調べの一部であるという戦略を持つべきであることは第2講で説明しました。

　それを当該事件内の戦略であることから仮に「内部的戦略」と名付けるとすれば，当該事件外のことを取り込む戦略としての「外部的戦略」が，事件の組立てを考えるということです（両者は重複し，連続しますが，概念区別のための一例として理解してください。）。

　本講では，本件の前足となる被疑者の余罪を把握検討することで，被疑者の本件の自白の信用性を検討する材料としています。

　本講の「余罪」は，被害届も出されておらず，本件を立件すれば足りる事案でしょうから，「余罪」をそのように位置付けて，本件で逮捕し，本件の取調べに活用したわけです。

　しかし，事案によっては，被疑者が複数の犯行を重ねており，どれも立件する必要がある場合もあります。

　そのような場合，複数の事件のうち，どの事件からどのような順番で被疑者を逮捕していくのが妥当かを検討する必要があり，この「事件の組立て」が取調べの成否を左右することも少なくありません。

　仮に本講の例で，前足となる1月の事件の被害届も出ていたとします。

　1月の事件と4月の事件，どちらを先に逮捕すべきでしょうか。

　証拠関係に照らせば，4月の事件の方が圧倒的に被疑者を自白に追い込むことができる可能性が高く，4月の事件から入った方が1月の事件に関する供述が引き出せる可能性も高くなります。

　反対に，1月の事件から逮捕した場合，現場に防犯カメラの設置のないことを意識している被疑者は，「知りません。」と，20日間否認を貫く可能性があります。

　そして，その後，4月の事件で再逮捕して，4月の事件を自白したとして

も，その段階では，それまで20日間1月の事件の否認を貫いていた被疑者が1月の事件を認めることはしにくい状況となってしまいます。

　つまり，1月の事件を先に逮捕した結果，1月の事件の自白を得られにくくしてしまう可能性があるのです。

　このように，「取調べ」の成否は，取調べの「内部的戦略」だけでなく，「外部的戦略」とも大きく関わるため，事件の組立てをきちんと検討することが大切です。

第 ③ 章

被害者調べについて

第11講
仮想通貨詐欺
～物証から証明できる場合

 ここがPOINT
物証から明らかな事実は被
害者に対してオープンに聞
く必要がない場合もある

はじめに

　本講から2回に分けて「被害者」の取調べを検討します。

　これまでは「被疑者」の取調べを検討してきました。録音録画時代の被疑者調べにおいては，誘導的な質問で場面を設定し，その場面の詳細をオープンに聞く，ということの繰り返しを基本とすべきことを示してきました。

　そして，「被疑者」に一通り詳細を供述させ，それを録音録画に記録した上で，客観的な証拠に整合するかどうか供述の信用性を吟味しつつ，不合理な点については，客観的な証拠を示しつつ，説明を求めます。

　①　場面を設定し，オープンに質問をし，詳細を語らせる。

　②　不合理な点は，物を示して，さらに語らせる。

　要するに，これの繰り返しです。キーワードは「語らせる」です。「取調べ」の要諦はどこまでいっても「聴く」ことにあります。

　簡単なことのように思えますが，実はなかなか難しく，忍耐と訓練が必要です。なぜなら，取調官は，事前に押収分析した物や聴取した関係者の供述等から事実の概略を把握した上で被疑者から話を聞くのが通常であり，取調官からすれば，被疑者が語る内容が虚偽であったり，不合理であったり，あいまいだったり，不十分であったりと感じてしまうことが多いので，ついつい，話をじっくり聞くという我慢ができずに，「違うだろ！」とか「ちゃんと思い出せ！」などという「追及」モードになってしまいがちです。

　これまでの設例で検討したように，これでは，被疑者に語らせることができず，

任意の具体的な信用性のある供述を録音録画に記録することができなくなってしまう可能性があります。

　①②を繰り返し，「語らせる」には，話しやすい雰囲気を作り，答えやすい問いを発するという，適切なコミュニケーション能力が必要ですし，①の場面設定や，②の不合理な点に対し，物を適切に示すためには，証拠構造をきちんと把握する能力が必要です。

　そして，「被疑者調べ」で検討したことは，基本的には「被害者調べ」でも妥当します。

　もっとも，被疑者調べにおいて，被疑者を追及するためのネタとなる物証は，被害者調べにおいては，被害者に説明を求める物証であり，被害者にオープンに語らせる必要はないという違いがあります。

　これだけだと意味が分からないと思いますので，次の設例で具体的に示します。

設　例

　被疑者（25歳）は，某年3月15日，知人である被害者（25歳）に対し，被疑者を通じて仮想通貨に投資すれば，1か月で預けた金額の2〜3倍にして返す，元本は保証すると嘘を言い，同年3月20日，その言葉を信じて消費者金融2社から合計100万円を借り入れた被害者から，100万円の交付を受けて詐取した。

　被疑者は，同様の手口で多数の知人から現金をだまし取り，その大半を競馬に費消していた。

　本件は，警察が被害者の親から相談を受けたことから発覚し，被疑者を通常逮捕した。

　なお，本件被害者に対する欺罔文言は，被疑者と被害者との間のSNSのチャット履歴に記録が残っており，被害者が任意提出したスマートフォンから特定して証拠化している。

　被害者から何をどのように聞くべきか。

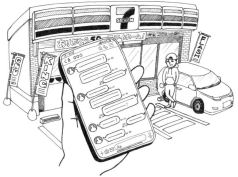

検 討

　さて，本件詐欺の被害者から聞き取るべき項目は，①被害に遭うまでの経緯，②被害状況（欺罔文言，錯誤に陥ったこと，交付行為），③被害後の状況，④処罰感情です。

　この設例で主に検討したい項目は，②被害状況のうちの，欺罔文言と，交付行為についての聴取方法です。そこに重点を置いて検討します。

　※ ＝取調官，

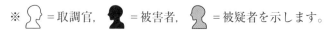

＜導　入＞

　おはようございます。

　　　　　　　　　　　　　　　　　　　おはようございます。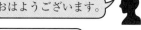

　あなたが被害に遭った詐欺事件の担当をしている検事の山田と言います。よろしくお願いします。

　　　　　　　　　　　　　　　　　　　よろしくお願いします。

　今日お話を伺う内容は，最初から最後まで録音録画して記録を残していますのでご承知おきください。

　　　　　　　　　　　　　　　　　　　分かりました。

　それでは，これから詳しくお話を伺いますが，最初に注意してほしいことを説明します。
　これからあなたが話すことは録音録画もされていますし，今後，裁判所で証人として証言をしていただく必要があるかもしれません。ですから，あなたの話が信用できない話だと誤解を招くことがないように，あなたが記憶していることと，記憶していないこと，記憶があいまいであることは区別して話すようにしてください。
　人間の記憶の程度は，大きく分けると３つあると思います。はっきり覚えていること，覚えていないこと，その中間くらい，ですね。

ですから，まずは，記憶がはっきりしていることだけ
を話すようにしてください。次に，記憶があいまいな
ことは，「あいまいですが」という形で話してくださ
い。最後に，覚えていないことを想像で話すことはし
ないでください。仮に，あいまいなことや記憶にない
ことを想像で話されて，それが客観的な事実に反する
ということになると，あなたの話が信用できないので
はないかと疑われることにもなりかねないので，注意
してください。

分かりました。

　ここまでが導入部分です。被害者に，録音録画で記録していることを説明し，
今後，証人として法廷で証言をしてもらう可能性があることや，被害者の話の信
用性が疑われないように，記憶にあることと記憶にないこと，また，記憶があい
まいなことはそれぞれ区別して話すように注意しています。

　もちろん，人間ですから勘違いはありますし，客観証拠等との細かな矛盾にま
で神経質になる必要はありませんが，被害感情が強い場合には，被害を過大に申
告してしまう場合などもあり得ますので，慎重に記憶をたどって話してもらえる
ように，その必要性を最初にきちんと説明すべきだと思います。

＜被害に遭うまでの経緯＞

では，あなたが被害に遭うまでのいきさつについて知
りたいんですけど，そもそも，被疑者とはどのように
知り合ったのですか。

高校時代の同級生で，部活も同じでした。

部活は何をしてたの。

野球です。

へー。あなたのポジションは。

外野ならどこでも。

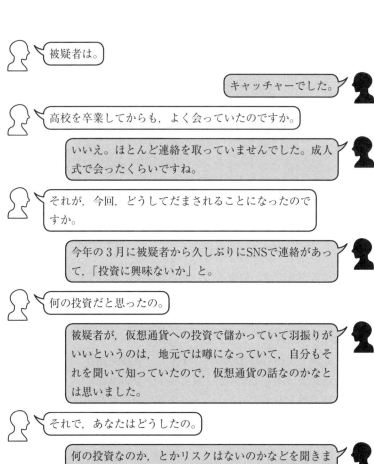

被疑者は。

キャッチャーでした。

高校を卒業してからも，よく会っていたのですか。

いいえ。ほとんど連絡を取っていませんでした。成人
式で会ったくらいですね。

それが，今回，どうしてだまされることになったので
すか。

今年の３月に被疑者から久しぶりにSNSで連絡があっ
て，「投資に興味ないか」と。

何の投資だと思ったの。

被疑者が，仮想通貨への投資で儲かっていて羽振りが
いいというのは，地元では噂になっていて，自分もそ
れを聞いて知っていたので，仮想通貨の話なのかなと
は思いました。

それで，あなたはどうしたの。

何の投資なのか，とかリスクはないのかなどを聞きま
した。

それらのやりとりは，あなたのスマートフォンに記録
が残っていますか。

はい。

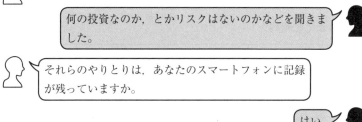

それは，警察に提出して見せましたね。

はい。

　ここまでが，被害に遭うまでの経緯です。要するに，高校の同級生で野球部で
も一緒だった被疑者から仮想通貨への投資を誘われたということですね。
　そして，その誘い文句は，スマートフォンのSNSのチャットであり，その履歴

は被害者のスマートフォンに残っており，警察に提出済みであることを明らかにしています。

　なお，実際には，高校時代の野球部の話などは，もっと時間をかけていろいろと聞いています。導入部分の当たり障りのない雑談で被害者の緊張をほぐして話しやすい雰囲気を作ることも大切です。

＜被害状況，欺罔文言＞

これはね，某年5月10日付けで，警察官の○○さんが作成してくれた写真撮影報告書という書類です。この写真番号の4番から6番あたりを順番に見せるので，内容を説明してください。

分かりました。

この4番の写真でね，被疑者からあなたに「投資に興味ない？」というメッセージがあって，あなたが「何の投資？　リスクはないん？」と返信していますね。これが先ほどの説明にあった会話ですかね。

はい。

このあと，被疑者から「仮想通貨。ないよ。リスクがあったのは俺だけ。だいぶ失敗して勉強した。仮想通貨の勉強に2年費やした。」，あなたから「どれくらい儲けたの。」，被疑者から「俺は7,400万円くらい。」，あなたから「いくらから投資できるの。」，被疑者から「最低でも100万円から。」と会話が続きますね。こういうやりとりがあったということでいいですか。

はい。

写真の5番を見ていくとね。あなたが「100万円は用意できんね。」と言うと，被疑者が「元本は2週間で返す。1か月で2倍にはなる。よくて3～4倍。」，「サラ金で借りても1か月は無利息だから，投資した方が得よ。」と話があって，あなたは「本当に元本は

返ってくるの。」と聞いて，被疑者は「100％」，「そうじゃなかったら○○（被害者）には勧めてない。○○だから誘ってるんよ。」と言ってますね。
これもこういうやり取りがあったということですね。

はい。

写真の6番を見てね。あなたが，「俺は何をしたらいいの？」と聞いて，被疑者が「何もせんでいい。俺にお金を預けてくれれば後は俺が増やすだけ。」と言っていますね。
これもこういうやり取りがあったということでいいですか。

はい。

そうすると，SNSの履歴のとおり，被疑者は，あなたに対して，被疑者にお金を預ければ，被疑者がそれを仮想通貨に投資をして，預けた元本は2週間で100％返金されて，預けたお金の少なくとも2倍の額が1か月以内に返ってくると言ってきたのですね。

はい。

　ここは，欺罔文言を特定している場面です。
　詐欺罪の本質は「嘘」ですから，どのような「嘘」があったのかは非常に大切なポイントです。そうすると，ここはオープンな質問で，

被疑者から，何と言われたのか説明してもらえますか。

と質問すべきではないかと考えた人もいると思います。
　しかし，その質問をする意味はどこにあるのでしょうか。
　私は，この事件では，「ない」と思います。
　なぜなら，欺罔文言は，スマートフォンに残っていた記録から明らかであり，それは動かない「物証」だからです。
　そのような「物証」があるのに，被害者に，被疑者から何と言われたかを確認し，

覚えていません。

との供述が出た場合，事実としての欺罔行為がなくなるのでしょうか。そんなことはありません。

　では，

100万円を預ければ10倍になって返ってくると言われました。

との供述が出た場合，被害者は，客観的な証拠であるSNSの履歴に残った「3～4倍」よりもかなり大げさに供述していますが，この被害者の供述を信用できないものとして，起訴を諦めるのでしょうか。そんなこともありません。

　この回答に対しては，

あなたのスマートフォンに残った記録を撮影した写真5番を見てください。これを見ると，被疑者は，「元本は2週間で返す。1か月で2倍にはなる。よくて3～4倍。」と言っているようですが，何か思い出しませんか。

ああ，それなら，3～4倍と最初は言われたんですね。

などとなるはずです。

　要するに，どのような供述が出てくるにせよ，最終的には，スマートフォンに記録が残っている「元本は2週間で返す。1か月で2倍にはなる。よくて3～4倍。」という欺罔文言を認定するわけです。そうであれば，欺罔文言の内容を特定するために被害者にオープンな質問をして供述を求める必要はないはずです。

　本件では，証拠構造上，「欺罔文言」という構成要件要素を証明するための証拠として，「スマートフォンに残された記録」という物証があり，その物証で欺罔文言を特定できるということを事前にきちんと把握しておくことが大切です。

　そして，

あなたが警察に提出したスマートフォンのSNSの履歴は後から修正とか手を加えたものではないですね。

はい。

と物証について，改ざん等がないことを確認することの方が大切です。

　もちろん，SNSの文言が全てとは限りませんから，

SNS以外に，被疑者から電話や直接会って説明を受けたこともあるの。

投資をすると決めるまでは，SNSだけでした。

と確認しておく必要はあります。

　なお，被害者にはSNSの履歴をすぐに見せて説明を求めれば足りますが，被疑者の取調べの場合には，

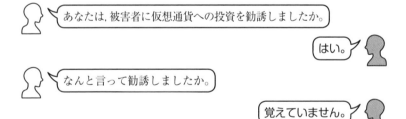

あなたは，被害者に仮想通貨への投資を勧誘しましたか。

はい。

なんと言って勧誘しましたか。

覚えていません。

などという形で，欺罔文言の中身をオープンに聞かなければなりません。

　その理由は，被疑者が真実を供述するつもりがあるかどうかを見極める必要があるからです。

　被疑者は，「覚えていません」のほかにも，

「仮想通貨に投資すれば，儲かるかもしれないし，損をするかもしれないんだけど，俺に預けてくれれば勝率は高いよ。元本は保証できないけどね。」と言いました。

などと供述する可能性もあるわけです。

　そういった被疑者の供述態度・内容を見極めるのも大切な取調べの役割ですから，被疑者にいきなり物証を当てることは適切ではありません。

　被疑者が何と供述するにせよ，被疑者が被害者に対し，「元本は2週間で返す。1か月で2倍にはなる。よくて3〜4倍。」と言った事実は認定されるはずですが，だからといって，欺罔文言について，被疑者にオープンに質問する必要がなくなるわけではありません。

　しかし，被害者であり，しかも，客観的な物証からだまされていることが明らかな被害者に対して，オープンな質問をするということは，被疑者に対するのと同等のレベルでその供述態度・内容を見極めようとするものであり，事件の被害に遭われた被害者に対する取調べとしては適切ではないわけです。

　ただし，客観的な物証の裏付けのない，被害者供述の信用性をきちんと吟味しなければならないような証拠構造の事件であれば，被害者に対しても，被疑者と同様に，オープンな質問で事実を聞いていくことが必要です。

　ですから，被疑者か被害者かという属性の問題というよりは，証拠構造の問題であることに注意が必要です。

　いずれにしても，被疑者調べにおいて，被疑者を追及するためのネタとなる物証は，被害者調べにおいては，被害者に説明を求める物証であり，被害者にオープンに語らせる必要はないということになります。

　問答例に戻ります。

＜被害状況，錯誤＞

「元本は2週間で返す。1か月で2倍にはなる。よくて3〜4倍。」というのを聞いてあなたはどう思いましたか。

そんなにいい話があるなら，消費者金融でお金を借りてでも，被疑者にお金を渡して仮想通貨に投資したいと思いました。

＜被害状況，交付行為＞

それであなたは，消費者金融から100万円を借りたのですね。

ここも，

被疑者に100万円を渡した点について，その100万円は
どうしたのですか。

などとオープンに聞く必要はありません。

　なぜなら，被害者が某年３月20日に消費者金融２社から各50万円ずつ合計100
万円を借り入れたことは，借入日時，借入店舗も含め，照会結果で特定されてお
り，客観的な物証があるからです。

　そこで，

ここに警察が照会した結果があるのですが，これを見
ると，あなたは，某年３月20日午後３時頃，消費者金
融Ｘの某支店で，50万円を借りましたね。

はい。

また，その後，午後３時30分頃，消費者金融Ｙの某支
店で，50万円を借りましたね。

はい。

などと，客観的な物証を示して，誘導しましょう。

　もっとも，他人が被害者名義で借りていないとも限りませんから，全く聞かな
いというのはよくありません。

　その上で，

そうすると，３月20日の午後３時30分過ぎには，あな
たの手元に現金100万円があると思うんだけど，それ
をどうしましたか。

と，交付行為につき，客観的な物証のない部分の説明を求めます。

お金を下ろしてから15分後くらいに，被疑者に指定されたコンビニ某店に行き，そこの駐車場で車を駐めて待っていた被疑者に渡しました。

全額渡しましたか。

はい。

先ほども示したあなたのスマートフォンの履歴ね。写真番号12番を見せますけど，3月20日の午後4時に，あなたから被疑者に対して，「100万円はいつごろ返ってくる？　心配　笑」とメッセージを送っていますね。

はい。

それに対して，被疑者が「2週間後！」と返していますね。

はい。

ということは，遅くとも，午後4時には，あなたは被疑者に100万円を渡しているということですね。

はい。

そして，あなたの記憶では，午後3時45分頃に，コンビニ某店の駐車場で手渡したということですね。

はい。

　被害者には20日の午後3時30分頃には，消費者金融から借りた100万円という原資があり，それを被疑者に交付した事実も，20日午後4時のSNSの履歴から客観的に明らかです。こういうところは，誘導して事実を確定させた上で，交付時間と交付場所という客観的な物証のないところだけ，

そうすると，3月20日の午後3時30分過ぎには，あなたの手元に現金100万円があると思うんだけど，それ

をどうしましたか。

と聞けば十分です。

　なお，犯行の悪質性を示すために，

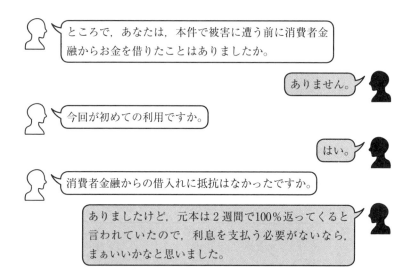

などと，消費者金融の利用歴がなかったのに，被疑者にだまされて高い金利で借入れをさせられたことを明らかにしておきましょう。

＜被害後の状況＞

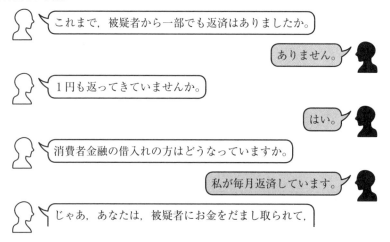

消費者金融への負債だけが残ったということですか。

そうです。

<処罰感情>

 被疑者は，逮捕されましたが，これまで謝罪などはありませんでしたか。

ありません。

捜査の結果ね，被疑者は，仮想通貨の取引所に口座も開設してないことが分かりました。つまり，そもそも仮想通貨に投資したこともなければ投資もできなかったわけですけど，それを知っていたら被疑者に100万円を渡しましたか。

まさか。渡していません。

これも捜査の結果ね，被疑者は，だまし取った金の大部分を競馬に使っていたようです。

……。

しかもね，今回の件についても，だますつもりはなかったなどと言っています。

……。

これらのことを聞いてどう思いますか。

大ウソつきですね。

野球部の仲間だったわけでしょ。

それもあって，まさかだまされているとは思いませんでした。
裏切られたのはショックでした。

被疑者に対してはどういう処罰を望みますか。

 できる限り長く刑務所に入ってほしいです。

＜証人出廷の可能性について＞

 今日は，ご協力ありがとうございました。
最初にも言いましたが，今後，被疑者を起訴して裁判ということになりますが，被疑者があなたに言った嘘などを認めなければね，証人尋問ということになりますから，その際は，ご協力ください。
起訴したかどうかとか，裁判がいつ開かれるかなどということについても，こちらからご自宅の方に文書で郵送してお伝えします。
それでは，今日はこれで終わりたいと思いますが，最後に何か聞いておきたいこととか質問はありますか。

 特にありません。

 じゃあ，終わります。ありがとうございました。

 ありがとうございました。よろしくお願いします。

　本講では，被害者調べにつき，証拠構造に照らして，客観的な物証で証明すべき事実（本件では「欺罔文言」等）については，その物証を示しながら被害者に確認をしてもらえばよいという点を確認しました。
　客観的な物証から事実が認定できるときでも，被疑者調べの場合には，物証を示さずに，オープンに質問をして供述態度・内容を見極める必要があるのに対し，被害者調べの場合には，最初に物証を示して，それを確認すれば足りるという点がポイントです。
　もちろん，証拠構造によるという点は注意が必要です。

コラム ●●●● 遺族説明

　被害者側の取調べの中で，取調官として最も心を痛めるのが，被害者自身が亡くなられた事件のご遺族からの事情聴取です。

　例えば，交通死亡事故事件であれば，検察官は，ご遺族から，被害者の人となり，生前の生活状況，将来の希望などを聞き，被害者本人が語ることのできない無念をなるべく明らかにしたいと思います。

　その上で，被疑者に対する処分結果等を説明する必要があります。

　このような「説明」は，「取調べ」ではありませんが，私は，録音録画の下，記録するようにしています。

　主任検察官として，自己の判断内容等をご遺族にできる限り丁寧に説明することは当然のことですが，その内容を事後的にも検証できるように記録することで，より適切な説明内容や方法を考える契機を自分に与えることができると考えるからです。

　その点では，第1講で，「録音録画が『矯正器具』のように我々を質のいい取調べに導いてくれる」と指摘したのと同様な効果が期待できます。

　人間は弱い生き物ですから，常に「見られている」という意識を持って，自分を律していくことで，より成長できるのではないでしょうか。

　もちろん，ご遺族の方の承諾が得られなければ録音録画は実施しません。

第12講

わいせつ目的略取未遂等
〜物証が乏しい場合

 ここがPOINT

事実をオープンに聞き客観証拠との整合性を確かめ，信用性を吟味するのが基本である点は，被疑者調べと同じ

はじめに

本講でも「被害者調べ」について検討します。

第11講では，被害者が任意提出した携帯電話に残っているSNSの履歴や消費者金融からの借入履歴の照会結果など，客観的な物証があれば，それを示して説明を求めればよいという点を検討しました（ただし，いずれの客観証拠も，被害者が自ら体験した事実に関する客観証拠であることに注意してください。被害者が自ら体験していない事実に関する客観証拠については，それを当てずにオープンに事実関係を聞き，供述の信用性を吟味するのが原則です。）。

一方で，そのような客観的な物証のない事件であれば，被害者に対しても，被疑者と同様に，オープンな質問で事実を聞いていくことが必要だと述べました。

今回は，そのような例として，わいせつ略取未遂事件と傷害事件の2件を題材に，被害者からいかに具体的な供述を引き出すかについて検討したいと思います。

なお，設例は，実際の事件を参考にした仮想事例です。

設例1

被疑者（男性・52歳）は，某年5月7日，午後1時30分頃，某所スーパー地下駐車場において，買い物を終え，自動車の運転席に座ろうとした被害者（女性・69歳）を，運転席側から押して助手席に移動させた上，自身は運転席に座り，被害者の口を両手で塞ぐ暴行を加え，「あなたを誘拐します。」などと言って，持っていたアイマスクを着けるように要求したものの，被害者が抵抗した上，隙を見

て助手席側のドアを開けて逃走したため，未遂にとどまった。

　なお，被疑者が立ち去った後の車内からは，ナイフが発見された。

　被疑者は，被害者を押して助手席に移動させたこと，口を手で塞いだこと，「誘拐します。」と言ったこと，アイマスクを着けさせようとしたこと，車内に遺留されたナイフが被疑者のものであることなど外形的な事実は認めるものの，わいせつ目的及び誘拐しようとしたことはいずれも否認し，「きれいな人と話がしたかっただけ。」などと述べている。

　録音録画において被害者から聴取すべき事項はどのようなことか。

・・・

検　討

　被害者にも色々なタイプの方がおり，記憶が鮮明でよく話をしてくれる方もいれば，記憶があいまいな方，記憶はしっかりしているものの話をすることが苦手な方など，一人ひとり個性があるのは当然のことです。

　「調書時代」においては，取調べに要する時間に長短の差があるものの，記憶があいまいな人であれ，口が重い人であれ，調書上は全く同じように必要十分な調書が作成され，どれを読んでも，記憶が鮮明でよく話をしているかのような印象を受けることもありましたが，「録音録画時代」にあっては，供述の出方や内容，話し方も含めて全て記録されますので，それは大きなメリットだと思います。

　この事例では，被害者の方は，しゃきしゃきと被害の状況を話してくれました。

　※ 🙂 ＝取調官，🙂 ＝被害者を示します。

> 🙂 あなたは，某年5月7日，午後1時30分頃，某所スーパーで買い物を終えて，地下駐車場に止めた車に乗って帰ろうとしましたね。

はい。

> 🙂 そのとき何が起こったか，説明してもらえますか。

と，誘導的な質問で場面を設定しオープンに事実を聞く，というのが基本です。

運転席に乗って，エンジンキーを入れて回そうとしたら，いきなり男の人が，右側から私の肩を押してきて「助手席に行ってください。お願いします。」と言ってきました。
私は，「何，何？」と思って，最初は知り合いかなんかだと思ったんですけど，違くて。

 で，助手席に行ったのですか。

 はい。

 運転席から車内を移るようにして。

 そうです。

 それから。

私，びっくりしてたら，「静かにしてください。暴力は振るいませんから。」とか言って，「話を聞いてください。」とか言ってきたので，「何ですか。何なのですか。」と大きい声で言うと，男は，「静かにしてください。」と言って，両手で口を塞いできました。

 両手で口を塞がれたのですね。

 はい。

 どのように塞がれましたか。

私が助手席側から逃げようとすると，男は，左腕を私の背中の方へ回してきて肩を組むようにして，私の左側から左手で口を塞ぎながら，右手でも口を塞いできたので，両手で口を塞がれました。

 それから。

それで，私が必死で抵抗していると，男は，どこから
かアイマスクを出してきて，「静かにしてください。
これを着けてください。」と言ってきました。私は
「絶対嫌です。」と言って抵抗しました。

アイマスクをしたらどうなると思いましたか。

どこかに連れていかれて，もう相手のしたいようにさ
れると思いました。

それで，絶対嫌だと言ったのですね。

はい。

それから。

男は，「あなたを誘拐します。」と言ってきました。

それを聞いてどう思いましたか。

誘拐されたらどうなるんだろうと。殺されるのかな
と。でも，なんで私なんだろうと思って，「なんで私
なんですか。主人も病気だし，腰も痛いし。」と言っ
て抵抗しました。

それから。

主人が病気だとか腰が痛いとか言ったからでしょう
か。男の手が緩んだので，助手席から外に出て逃げま
した。

男はどうしましたか。

私が逃げるのと同じくらいに，「分かりました。私が
立ち去ります。」と言って，気が付いたら，車から出
て歩いて去っていきました。

それから。

その場から早く離れようと思って，車で自宅に帰って，それから警察に通報しました。

警察が車両を確認したところ，ナイフが発見されましたね。

はい。

これは犯人の男が車内に落としていったもので間違いないですね。

はい。

そのナイフを示されたことはないのですか。

なかったです。

男は何をしたかったのだと思いますか。

なんだったんでしょうね。お金って言っても持ってないし，わいせつ？　でもねぇ。殺される理由もないし。

話を聞いてくださいとは言われたんですよね。

はい。私も話って何？　話があるならここで話しなさいとも言いました。何か相談かなとも思って。

で，相談とか，何か具体的な話はあったんですか。

いえ。結局何がしたかったんでしょうね。

弁護士さんからね。弁護士さん限りで，犯人には伝えないからという条件で，あなたの携帯電話番号を教えてもらえないかと問い合わせが来ているのですけど，弁護士さんにあなたの携帯電話番号を教えてもいいですか。

弁護士さんに教えたらどうなるんですか。

おそらく，弁護士さんを通じて謝罪があって，損害賠償の提示とかがあるものと思います。もちろん，話を聞かなくても構いませんし，話を聞くだけ聞いて断ることも自由ですし，まずは，連絡先だけ教えてあげて，弁護士さんの意向を確認されたらいかがですか。弁護士さんの話で内容が分からないことなどがあれば，私まで連絡いただければ分かる限りで回答もしますし。

じゃあ，携帯電話だけ。

では，近日中に弁護士の先生から電話が入ると思いますのでよろしくお願いします。

はい。

今日はありがとうございました。また，弁護士さんとの話の内容とか，それを踏まえたお気持ちとかを確認させていただくと思いますけど，そのときはご協力をお願いします。

はい。ありがとうございました。

　本件は，被疑者が「誘拐します。」と述べて，暴行を加えていますので，「略取」の実行の着手は認められると思いますが，「略取」の目的が判然としません。被疑者は，被害者を見て30代から40代のきれいな女性だと思い，話がしたかったなどと供述していましたが，わいせつ目的を立証するには証拠が不十分です。

　そのため，被害者から，被疑者の「わいせつ目的」をうかがわせる供述が出ないかと期待しましたが，被疑者の供述する外形的事実以上のものは出ませんでした。そして，被害者に示して説明を求めるべき物証もありませんでした。

　アイマスクやナイフも，それだけでは「わいせつ目的」を推認させるには不十分です。アイマスクを着けさせて移動して，そこで，ナイフで殺害することも十分に考えられます。

　ですから，供述された事実を前提に犯罪事実を特定することになります。

　なお，客観的な物証から合理的に推認される「事実」であり，本来供述として

出るべきはずの「事実」がオープンに聞いても出ない場合には，それを放置することなく，物証等を示して，説明を求める質問をする必要があることは当然です。

また，客観的な物証から直ちに<u>認定できる</u>「事実」であれば，被害者に最初からそれを示して説明をしてもらえば足りるということは第11講で説明したとおりです。

この設例では，被害者調べにおいても，誘導質問で場面を設定し，オープンな質問をして詳細を語らせるのが基本であることを改めて確認していただければと思います。

被疑者調べであれ，被害者調べであれ，取調べである以上，その手法は同じです。事実をオープンに聞き，客観証拠との整合性を確かめ，供述の信用性を吟味します。

次に，被害者特有の問題として，示談の意味や処分の見通しの伝え方を考えてみたいと思います。

設例2

被疑者は，会社の同僚の送別会に参加し，その三次会の席上において，部下社員の顔面を数回殴り，加療約5日間を要する顔面打撲の傷害を負わせた。

三次会の席上，参加した社員等はそれぞれに相当程度酒に酔っており，被害者自身は被疑者から顔面を殴られたことは覚えていない。

翌朝，被害者は三次会に同席していた同僚から事情を聞き，被疑者に数回顔面を殴られたと知り，警察に被害届を提出したことから本件が発覚した。

被害者は，示談を含め，被疑者に対する対応を検討したいと述べている。

録音録画の下でどのような取調べを行うべきか。

検討

まず，どのような捜査スケジュールを組むのかを考えてみましょう。本件の暴行行為を立証するための証拠構造を考えた場合，何が立証の柱となるでしょうか。

本件は，被害者自身が被疑者から殴られた記憶がない点で特殊な事案です。

　本来であれば，被害者の供述が立証の柱となり，それを裏付ける負傷部位の写真と医師の診断書で暴行行為を立証することになると思われますが，本件では，被害者の供述ではなく，三次会に同席していた同僚の供述など，第三者の目撃供述が立証の柱となります。

　そのため，罪体に関する事実関係を固めるには，目撃者の取調べから捜査を進めていくことになるでしょう。

　しかし，被害者は，示談を含め被疑者に対する対応を検討したい意向であり，仮に示談が成立し，被害届を取り下げるのであれば，厳密に事実関係を特定する必要はなくなる可能性があります。

　実際に，被疑者には弁護人が付いて，被害者との示談交渉中であるとの連絡が検察官に入っていました。

　この状況では，むしろ早急に被害者を呼んで取調べを行う方が妥当だと思われます。その理由は，示談書が作成される前に，検察官としても示談の意味内容を被害者にきちんと説明した上で被害者に検討する機会を与えるべきだからです。弁護人の説明の仕方によっては，被害者が本意に沿わない示談をしてしまうかもしれません。そのようなことがないように，被害者に対しては，検察官からも示談の意味を説明しておく必要があります。

　そこで，まずは，被害者の取調べから行うことにします。

　被害者に対して，どのような質問から開始すべきでしょうか。

示談を考えているそうですね。

示談します。

　このように処分を決する上で重要となる示談の意向について，最初から聞くことに何か問題はないでしょうか。

　このような質問を最初にすることの問題は，被害者から被害の実態について何も聞いていないことにあります。被害者は，法律の専門家ではなく，示談の交渉に慣れているわけでもありませんから，被疑者に付いた，法律の専門家であって，示談の交渉にも慣れた弁護士にうまく言い含められてしまう可能性があります。

　示談が悪いと言っているのではありません。きちんと示談の意味や内容を分かった上で検討する機会を与えることが大切なのです。

そして，一般に示談が妥当な事案かどうかは，犯罪事実の態様や経緯にもよりますから，まずはそこから聞くべきだということになります。示談をするかしないかの最終的な判断は被害者自身に委ねるのは当然ですが，犯罪事実の態様やそこに至る経緯を確認しないまま適切なアドバイスなどできるはずがありません。

　ですから，いきなり示談の交渉状況を聞くというのは妥当な質問順序だとは思われません。

　そこで，まずは，

> あなたは，被疑者に殴られたということですが，その状況について説明してもらえますか。

と，何らの限定も誘導もせずに，事実関係を確認しましょう。「録音録画時代」においては，最初に罪体に関するこの質問を発したという事実自体が重要な意味を持ちます。すなわち，被害者は，記録上は「酔っていて殴られた状況を覚えていない」旨供述していますが，そのような前提を持たずに，オープンに聞くことで，

> 酔っていて殴られたことは覚えておらず，説明はできません。

と，被害者本人の口から直接説明させることができ，その生の供述が録音録画に記録されることになります。

　その上で，

> 酔っていて覚えていないということですが，どのくらい飲酒しましたか。

> その日は会社の同僚の送別会だったのですが，一次会から飲み始め，二次会，三次会と宴会が進み，三次会で乾杯のビールを飲んでからの記憶がありません。

> 記憶がなくなるほどに酒に酔うということはよくあるのですか。

時々あります。

 殴られたのは三次会で，殴られた記憶は全くないのでしょうか。

はい，そうです。

なぜ殴られたのか，その経緯について何か記憶はありませんか。

ありません。

そうすると，あなたはどのように殴られたことを知ったのですか。

翌日，三次会にいた同僚から，被疑者に殴られたことを教えてもらいました。

あなたの被害届によると，「被疑者から4，5発殴られた。」との申告がありますが，これはあなたの記憶によるものではないということでいいですか。

はい。同僚から聞いたことに基づいて被害申告をしました。

と，記憶がない理由と，被害届の申告事実が第三者から聞いた事実に基づくものであることを明確にしておくとよいでしょう。

　なお，本件では，被害届に「被疑者から4，5回殴られた。」旨の申告内容が記載されていましたが，「被疑者から4，5回殴られたと同僚から聞いた。」旨の被害届を作成するのが相当だと思います。

　次に，殴られたことをどのように知ったのかを明確にすべく，次のような発問を組み立てることになります。

 そうすると，あなたは，被害を受けたその日には殴られたことを意識しないまま自宅に帰って眠ったということですか。

はい。

と時系列を整理し，取調べの対象を事件翌日の朝に特定します。
　そして，

翌朝起きて，何かいつもと違う感じはありましたか。

はい。右目のまぶたの上あたり，両頬，両こめかみあたりに痛みを感じました。

痛みを感じたあなたはどうしましたか。

洗面所に行って鏡で自分の顔を見ました。

何か異常はありましたか。

右目のまぶたの上が紫色に変色し，あざになっていました。

それを見てあなたは何があったと思いましたか。

何があったかは分かりませんでした。

その時点では，転倒してぶつけたとか，歩いていて障害物にぶつけたとかいう可能性も考えられたわけですか。

そうです。

で，そのあざの原因をどのように知ることになったのですか。

出勤して，三次会で一緒だったＸさんから，「大丈夫か。被疑者と熱い話をしていると思ったら，いきなり被疑者がおまえを殴ったからびっくりして止めたんだけど。」と言われました。

殴られた回数については説明がありましたか。

左右のげんこつで4，5回交互に顔面を殴っていたと言っていました。

そのときに初めてあなたの顔のあざは被疑者に殴られてできたものだと分かったのですか。

そうです。

（被害者の顔の状況の写真を示して）
これは，事件の5日後に写したあなたの顔の状況ですね。

はい。

あなたが事件の翌朝に鏡で見たあなたの顔と何か違いがありますか。

この写真では，右目の上のまぶたの大部分が黄色く変色していて，一部濃い紫色をしていますが，事件の翌朝は，この黄色い部分も全体的に濃い紫色をしていました。

　このように物証を示して説明を求めるのは，一通り記憶に基づいた供述を得た後にすべきです。この物証は，第11講で取り上げた詐欺の欺罔文言の物証とは異なり，被害者が殴られた翌朝に鏡で見た自分の顔の様子とは異なる可能性がある物（顔の負傷状況は時間とともに変化する）なので，最初から示すことはしないわけです。

　結局，取調べの結果，被害者の供述からは被疑者の暴行態様を確認することはできませんでしたが，被害者にオープンに聞くことによって，被害者は，①暴行態様，②暴行を受けた理由については分からない前提で，被疑者についての処罰感情を考える立場にいることが録音録画において記録することができました。

　そこで，次に，処罰感情について確認することになりますが，

被疑者に対する処罰感情について自由に述べてください。

と問いかけることには問題があると思います。

　なぜなら，人生で初めて刑事事件の被害者となった方に対して，「さぁ，被害者としての処罰感情を自由に語ってください。」と言っても，被害者の方は何をどのように話せばいいのか分からないのが通常だと思われるからです。

　そして，

となったときに，

又は，

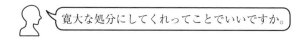

などと問いを発するとすれば，これはもはや取調官が望む答えを誘導しているにすぎません。

　「録音録画時代」の取調べにおいて，まずはオープンな発問からなされるべきなのは，取調べが，対象者が経験した事実を記憶の中から取り出して調べる作業だからです。つまり，頭の中に記憶として残っている「事実」を取調官が対象者の口を通じて語らせることに重要な意味があるのです。

　しかし，処罰感情というのは，「意見」ですから，「事実」の取調べとは異なります。刑事手続に詳しくない一般人を相手に自由な「意見」を求めても，適切な回答が返ってくるとは限りません。ですから，例えば次のようにきちんと説明すべきです。

被疑者に対してどのような処分をするかは，検察官である私が責任を持って判断しますが，その判断の一つの参考として，あなたが被疑者にどのような処罰を望んでいるかを教えてもらえればと思います。とは言っても，どのように希望を言えばいいのか分からないと思いますので，一般的な説明をしますと，まずは，一

番厳しい意見としては，「なるべく厳重に処罰してほしい。」という意見があります。これが最も厳しい意見だとすると，反対に最も厳しくない意見としては，「なるべく処罰しないでほしい。許してあげてほしい。」という意見があります。これが両極端な意見だとすると，その真ん中くらいに，「適切に処罰してほしい。」くらいの，できるだけ厳しくでもなければ，できるだけ軽くでもないという中間があります。もちろん，厳しいと中間の間とか，中間と厳しくないの間とか幅はあると思うのですが，あなたの気持ちとしてはどのあたりということになりますか。

などと説明し，客観的な物差しを与えて考えてもらうといいと思います。

　すると，

真ん中よりも厳しいあたりですね。

などという答えが返ってきます。

　その上で，厳しいとか厳しくないとかが具体的にはどういうことなのかを説明してあげるといいと思います。例えば，

これも一般論ですけど，本件の暴行の態様と負傷の程度からすると，重い処罰になった場合には罰金刑となり，被疑者は数十万円を支払うことになるのが一般的です。他方で，軽い処分になった場合には，起訴猶予といって，裁判にはならずに，刑罰はなしということになります。これは，例えば被害者と被疑者の間に示談が成立し，被害者の許してほしいという希望があるような場合ということになります。

それを踏まえて何か意見はありますか。

実は，弁護士さんと示談することになっています。

 示談することになっているのですか。

はい。今度の日曜日に示談書を交わす約束をしています。

示談の内容はご存じですか。

はい。被疑者が事実を認め謝罪すること，15万円を慰謝料として支払うこと，その代わりに私が被害届を取り下げ，刑事処罰を求めないことです。

念のために説明させていただくと，その示談書に署名をして，被害届を取り下げ，処罰を求めないということになると，検察官としては，先ほど言った罰金刑を求めて起訴するということはできにくくなります。つまり，示談書に署名して15万円を受け取り，被害届を取り下げることを被疑者と約束する一方で，検察官に対し，「それはそれ，これはこれ。」という形で厳しく処罰してくれというのは，被害者の態度として矛盾していることになってしまいますので，もし，先ほど言われたように厳しい処罰を望むのに近い希望があるのであれば，その示談はやめるということも検討した方がいいかもしれません。また，あなたが金銭的な賠償を受けるのは当然の権利だと思いますので，金銭的な賠償を受けつつ，刑事処罰についても望むというお気持ちであれば，被害届を取り下げ刑事処罰を求めないという文言を示談書から抜いてもらう必要があります。もちろんどう判断されるかは，あなたにお任せします。

何か今の説明ではっきりしないことや分からないこと，ご質問等はありますか。

大丈夫です。示談するかどうか，文言も含めよく考えて決めたいと思います。

それでは，今日はこのあたりで終わりにしますが，もし日曜日までの間に示談の関係で分からないことやご質問等があれば私までご連絡ください。

分かりました。

というような形になります。

　なお，この段階では被害者の対応が未定ですから調書を作成する必要はないでしょう。

　後日，被疑者の弁護人から示談書が送られてきましたが，そこには，先の刑事処罰を求めない旨の被害者の宥恕文言がありませんでした。

　そこで，検察官が電話で被害者に確認したところ，被害者は，検察官からの説明を聞き，示談をして許すか，示談をせずに処罰を求めるかの二択ではなく，示談をして賠償を受けた上で刑事処罰は求めるという選択肢があると知り，弁護士さんに言って，宥恕文言を削除してもらったということでした。

　早期に被害者を呼んで説明をしていなければ，被害者は二択だと勘違いをして宥恕を迫られていたかもしれません。

　さて，ここで捜査スケジュールを再度検討しておきましょう。示談書という新たな証拠が出てきましたので，この意味内容を確認するため，再度，被害者の出頭を要請します。

　そして，次のような調書を作成することになります。

調書例

　1　被疑者の弁護人が検察官に提出したとおり，私と被疑者の間で示談が成立しました。

　2　内容は，被疑者が私を殴って加療約5日の傷害を負わせた事実を認め謝罪すること，慰謝料として15万円を支払うことで，実際に支払ってもらいました。

　　ただ，私は，被疑者には私に暴行を加えた行為につき，刑事罰も受けてほしいと思っていますので，被疑者を許すとか被害届を取り下げるといった文言を示談書に入れるという先方の要求はお断りしました。

　　そのため，示談書にもそのような文言は入っていません。

　3　被疑者が本当に反省しているようには私には思えませんので，刑事処罰も受けてほしいと思っています。

　このような調書を作成し，被害者の処罰意思を確認した上で，罪体の立証の柱となる目撃者の取調べを行う必要があります。被疑者は，被害者と示談し15万円

を支払った上に刑事処分も受けることになりますので，これを不満に思えば事実関係を争うことも十分に予想されます。そのため，公判においても十分な立証ができるのか，きちんと目撃者を取り調べておく必要があります。

そして，最終的に被疑者を取り調べることになります。

この設例では，たとえ，示談が相当程度見込まれる事案であっても，そして，被害者からは罪体についての供述は得られない見通しであっても，きちんと罪体からオープンに聞いて，被害者には記憶がないということを録音録画において証拠化すべきだということ，また，示談については，処分の方向性と合わせて，なるべく分かりやすく，被害者の判断に資するような客観的な情報を与え，それを録音録画において記録しておくべきであるということを確認していただければと思います。

コラム ● ● ● 示談について

被疑者・被告人から被害者側に提案される示談についての受け止め方については，捜査関係者の間でも様々だと思います。

しかし，プロとしての対応は，1つしかないと考えています。

それは，できる限り中立公平な立場から説明を尽くした上で，被害者側に判断を委ねるということです。

例えば，常習的な性犯罪者として把握されている被疑者の事件について，事件として把握している被害者が1人しかいないとしても，その被害者に対し，「あなたが示談してしまうと，ほかのたくさんの被害者が悲しむかもしれません。」などと説明することは不適切だと思います。

いかなる犯罪であれ，その被害に遭い，肉体的・精神的・経済的損害を受けた被害者が被疑者から金銭的な賠償を受けるのは当然の権利です。

捜査関係者が，その権利の行使を妨げるような言動をしてはいけません。

検察官として刑事事件に携わり，被害者の方々から事情を聞く度に，被害に遭われた方が被った被害（マイナス）は，どれだけ被疑者等に対する「取調べ」が成功したとしても，どれだけ優れた刑事司法制度であったとしても，決してゼロに戻ることはなく，マイナスにとどまるという現実を思い知らされます。

ましてや，刑事司法手続を経たおかげで被害者の方がプラスになるなどということは考えられません。

誰しも，被害に遭う前の時点に戻れるのであれば，戻りたいはずです。

　しかし，捜査関係者にできることは，事件と誠実に向き合い，真相を解明した上で，被害に遭われた方に丁寧に説明することだけです。

　示談についても，そのような観点から対応する以外の権限を我々は与えられていません。

第 ④ 章

参考人調べについて

第13講

スーパーにおける万引き，殺人未遂
～目撃者の調べ，専門家の調べ

ここがPOINT
誘導で場面を設定し，オープンに事実を聞くという基本を徹底する

はじめに

　本講では，録音録画下における参考人調べについて，2つの設例を検討します。各設例は，実際の事件を参考に作成した仮想事例です。

設例1

　被疑者（25歳）は，某年8月15日，スーパーで，ジュース，缶コーヒー，チョコレートを手に取り，防犯カメラの死角に移動して，それらを持参していた手提げバッグに入れ，その後，ポテトチップスをレジで精算して，店外に出ようとした。しかし，犯行を目撃していた保安員に「未精算の商品がありますよね。」と声を掛けられ，「他の店で買ったものです。」と言ったものの，通報を受けて駆け付けた警察官に現行犯人逮捕された。

　被疑者は，犯行については覚えていないなどと述べ，以前から気が付くと身に覚えがないものが部屋にあったことがあるなどと主張している。

　保安員から何をどのように聞くべきか。

検　討

　保安員は，純粋な目撃者ですから，目撃した状況につき，順番に場面を設定し，

オープンに聞いていくという基本を徹底します。

※

あなたは，被疑者が万引きしたのを目撃したということでしたね。

はい。

　ここは参考人の自己紹介に当たる部分です。なぜ対象者が取調べを受けているのか，その属性を明らかにしています。誘導して場面を設定するのと同じです。

まず，被疑者を意識した理由を教えてください。

はい。被疑者は，買い物かごを持たずに，飲料品売り場を行ったり来たりしており，万引きするのではないかと思いました。

どうしてそれで万引きを疑ったのですか。

経験的に，ということになりますが，通常，買い物かごを持たずに飲み物を買うだけなら，飲み物を手に取り，レジに向かえば済むはずですが，被疑者の場合は，どの飲み物を買うかを迷っている様子でもないのに，他の陳列棚を見たりしては，また飲料品売り場に行ったりと，行動が不自然に感じました。

ほかに不自然な点はありませんでしたか。

肩からかけていた手提げバッグが，口の開いたタイプで，中身は入ってなさそうに見えましたので，商品を入れて万引きしやすいとも思いました。

あなたの仕事というのは，そういう万引きをしそうな人がいたら，その動きに注意して，万引きしないかどうかを注意して見るというものですか。

そうです。

　ここは，職業として，被疑者の行動を意識的に見ていたということを，誘導で確認しています。

　保安員はそういう仕事であることは争いがないでしょうから，それで構いません。

被疑者を注意して見ていると，被疑者はどういう動きをしましたか。

被疑者は，ジュースと缶コーヒーを手に取り，隣の陳列棚まで移動して，手提げバッグに入れました。

入れた瞬間を見ましたか。

はい。間違いなく見ました。

そのときのあなたと被疑者の位置関係を覚えていますか。

はい。

これは，某年8月20日付けでね，警察官の○○さんが作成した現場の図面の写しです。
この図面は，あなたが保安員をしていたスーパーの図面で間違いないですね。

はい。

この図面全体を見てもらって，お店の状況と違うんじゃないかというところがあったら遠慮なく教えてください。

（図面を一通り確認して）大丈夫です。

この図面上でね，先ほど，被疑者がジュースと缶コーヒーを手に取ったという陳列棚はどこになりますか。

（指を指して）ここです。

それから，隣の陳列棚に移動して，ジュースと缶コーヒーを手提げバッグに入れたということでしたが，手提げバッグに入れた位置はどこになりますか。

（指を指して）ここです。

この図面に，被疑者が，ジュースと缶コーヒーを手提げバッグに入れた位置に「①」と書いてください。

（図面に「①」と記入）

そのときのあなたの位置に「Ⓐ」と書いてください。

（図面に「Ⓐ」と記入）ここです。

ジュースと缶コーヒーを手提げバッグに入れた後，被疑者はどうしましたか。

次に，お菓子が陳列されている棚の前まで行き，チョコレートを手に取ったかと思うと，また別の陳列棚まで移動して，手提げバッグに入れました。

入れた瞬間を見ましたか。

はい。間違いなく見ました。

そのときのあなたと被疑者の位置関係を覚えていますか。

はい。

先ほどの図面上でね，被疑者がチョコレートを手に取ったというお菓子の陳列棚はどこになりますか。

（指を指して）ここです。

それから，別の陳列棚に移動して，チョコレートを手提げバッグに入れたということでしたが，手提げバッ

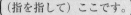

グに入れた位置はどこになりますか。

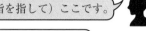

（指を指して）ここです。

被疑者が，チョコレートを手提げバッグに入れた位置に「②」と書いてください。

（図面に「②」と記入）

そのときのあなたの位置に「Ⓑ」と書いてください。

（図面に「Ⓑ」と記入）ここです。

　手提げバッグに入れた場面の目撃状況は大事な場面ですから，「入れた瞬間」を見たときの位置関係は図面で特定する必要があります。

　そして，登場人物が複数いて動きがある場合，一人に「①→②→③」と数字で番号を振ったのであれば，もう一人は「Ⓐ→Ⓑ→Ⓒ」とアルファベットで記入するなどし，登場人物ごとに記号を分けるのが基本です。

　被疑者がジュースと缶コーヒーを手提げバッグに入れた位置に「①」，そのときの保安員の位置に「②」，被疑者がチョコレートを手提げバッグに入れた位置に「③」，そのときの保安員の位置に「④」と記入した場合と比較すれば，完成した図面のどちらが分かりやすいかは明らかでしょう。

その後，被疑者はどうしましたか。

ポテトチップスを手に取り，それをレジで精算しました。

手提げバッグに入れたジュース，缶コーヒー，チョコレートは精算しましたか。

いいえ。

（ジャーナルを示して）防犯カメラで被疑者がレジで精算した時刻を確認して，その時刻のジャーナルの提出を受けたものですが，ポテトチップスだけが購入さ

れていることが分かりますね。

はい。

　ここは，保安員の「ポテトチップスだけを精算したのを見た。」という供述を
得た上で，その裏付けとなる物証を示すことで供述の信用性を高めています。
　ここで，

被疑者がポテトチップスをレジで精算した時間を覚え
ていますか。

などという質問をする必要がないことは，第11講で指摘したとおりです。
　レジで精算した時間は，防犯カメラ映像とジャーナルという客観的な物証で立
証することができます。

それからあなたはどうしましたか。

被疑者がレジで精算を終えて店の外に出たところで声
を掛けました。

なんで被疑者が店の外に出るまで声を掛けなかったの
ですか。

店の中で声を掛けた場合，「精算するつもりだった。」
という言い訳を許してしまうからです。

店の外では，何と声を掛けましたか。

「未精算の商品がありますよね。」と声を掛けました。

被疑者は何と答えましたか。

何も答えませんでした。

それから，あなたはどうしましたか。

「手提げバッグの中を見せてください。」と言って中を見ました。

中に何が入っていましたか。

ポテトチップスのほか，ジュース，缶コーヒー，チョコレートが入っていました。

それを見てあなたはどうしましたか。

被疑者に，「ジュースなどは未精算ですよね。」と言いました。

それに対して，被疑者はどんな反応でしたか。

別のスーパーで買ったものだと言っていました。

それから，あなたはどうしましたか。

被疑者に事務所に来るように言いました。

どうして。

事務所で詳しく事情を聞きながら警察に通報しようと思いました。

事務所に来るように言ったら，被疑者はどうしましたか。

事務所に向かう途中のサービスカウンターで，ジュース，缶コーヒー，チョコレートを手提げバッグから出して，五百円玉をカウンターに置いて支払おうとしました。

その様子を見て，あなたは被疑者が何をしていると思いましたか。

支払いをして万引きの事実をもみ消そうというか，それで終わりにしようとしていると思いました。

 それで，あなたはどうしましたか。

「ここで支払うことはできませんよ。」と言って，事務所に移動しました。

それからどうしましたか。

警察に通報しました。

警察が来たとき，被疑者は警察には何と言っていましたか。

警察官が，「盗んだのですか。」と聞いたら，被疑者は「覚えていません。」と言っていました。

あなたの前では何と言ったんでしたっけ。

「別のスーパーで買った。」と言っていました。

被疑者が警察官に「覚えていません。」と言ったのを聞いてどう思いましたか。

何言ってんだろう，嘘つきだなと思いました。

被疑者は警察官に逮捕されましたね。

はい。

ところで，被疑者がジュースと缶コーヒーを手提げバッグに入れてから，レジでポテトチップスを精算後，あなたが声を掛けるまでの間，あなたの目が被疑者から離れたことはありましたか。

ありません。

先ほどの図面ですけどね，防犯カメラのある位置が描かれていますね。

はい。

> 先ほどあなたが記入した①②の位置ですけど，防犯カメラの射程に入っていますか。

> いいえ。ちょうど防犯カメラの死角となっているところです。

という流れになります。

　つまり，純粋な参考人の取調べは，場面を設定し，オープンに聞いていくという基本を徹底すればよく，質問の順序・内容は証人尋問における尋問と同じです。

　ですから，取調官としては，録音録画のカメラを裁判官だと想定して，法廷に立っているつもりで質問を組み立て，聞いていけばよいと思います。

　その録音録画を法廷に提出したときに主尋問として十分な内容であれば，いい取調べだといえるでしょう。

　保安員から「ジュースなどは未精算ですよね。」と聞かれ，被疑者が「別のスーパーで買ったものです。」と言った事実や，その後，被疑者が事務所に向かう途中のサービスカウンターで，ジュース，缶コーヒー，チョコレートを手提げバッグから出して，五百円玉をカウンターに置いて支払おうとしたという事実は，被疑者の「覚えていない」旨の弁解を弾劾するために重要な事実ですので，調書を作成する際には録取漏れがないようにする必要があります。

　次に，医師や鑑定人など専門家証人の場合には，「事実」を聞く純粋な参考人とは異なり，専門家の「意見」も求めることに主眼があり，質問の方法も異なりますので，次の設例で検討します。

設例2
・・・・・・・・・・

　被疑者（22歳）は，某年8月15日，先輩らと一緒に居酒屋で飲食をした際，被害者（25歳）と口論となり，居酒屋を出る際，厨房にあった包丁（刃体の長さ約14センチメートル）を取り，ズボンのポケットに隠し持って店外に出た。

　被疑者は，店先で自転車の鍵を開けようとしていた被害者の顔面を殴ったところ，被害者から殴り返されたことに憤慨し，隠し持っていた包丁を取り出し，被害者の腹を突き刺し，さらに，左右の胸を突き刺した。

　被害者は，入院加療1か月を要する腹直筋断裂，小腸多発損傷，左右胸部刺創の傷害を負った。

被疑者は，カッとなって腹を手加
減なく刺したことは認めながらも，
「殺すつもりはなかった。」旨殺意を
否認し，左右胸部を刺した記憶はな
い旨供述している。

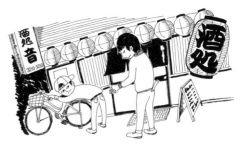

　被害者の手術を担当した医師から
何をどのように聞くべきか。

・・

検　討

　設例1の保安員の例では，保安員は純粋な目撃者ですから，誘導することなく，
参考人が話しやすいように場面を設定し，オープンに聞いていくという基本を徹
底する必要があるのに対し，医師や鑑定人などの場合は専門家ですから，オープ
ンに話を聞いていく必要はありません。専門家の意見に焦点を絞り，そこを詳し
く聞いていくことになります。

　専門家の意見の知りたいところに焦点を絞るところが場面の設定であり，詳し
く聞くところをオープンに聞いていくという意味では基本的な取調べの技術は同
じとも言えるわけですが，専門家の意見の知りたいところに焦点を絞るところに
特色があります。

> 先生は，8月15日に先生の勤務する病院に救急搬送さ
> れた被害者の手術を担当されましたね。

> はい。

> 先生の作成された診断書やカルテの記載を確認しなが
> ら，教えていただきたいのですが，腹直筋断裂，小腸
> 多発損傷というのは，具体的にはどのような傷だった
> のでしょうか。

> 腹直筋というのは，いわゆる腹筋のことですが，腹筋
> が断裂していたのと，その奥の小腸に8か所損傷が認
> められました。

> それらについて，先生は縫合する手術をしたのですか。

そうです。

傷の程度ですが，傷の長さや深さはお分かりですか。

お腹の傷は，刺創で，横に約8センチメートル，深さは深いところで約4センチメートルありました。

右胸の刺創の長さや深さはどうでしょう。

長さは横に3センチメートル，深さも約3センチメートルでした。

左胸の刺創はどうですか。

こちらの傷は軽いもので，長さは約2センチメートル，深さは約1センチメートルでした。

3か所の傷のうち，一番重かったのはお腹ということでいいですか。

そうなります。

手術にはどれくらい時間を要しましたか。

約3時間です。

仮に手術をせず放置していたら被害者はどうなっていたと考えられますか。

数時間で失血死したはずです。

お腹に深さ約4センチメートルの刺創が生じていますが，これは生命への危険がどの程度ある傷と言えるのでしょうか。

もう少し奥にある大動脈を傷つけていたら数分で死亡していたでしょうから，死亡の危険は十分にあったと認められます。

傷口から判断して，凶器はどのようなものが考えられますか。

腹直筋を断裂させていますから，鋭利な刃物でしょうね。包丁などが考えられます。

（凶器を示しながら）これは，被疑者が犯行に使用したと考えられる包丁なのですが，この包丁と被害者の受傷の形状や程度に矛盾はありますか。

いいえ。この包丁なら被害者にできた傷も説明ができます。

お腹や胸の傷についてですが，包丁が偶然に刺さってできたものの可能性はありますか。

ないとは言えませんが，相当力を入れて刺さないとこういう傷にはなりませんから，意図的に刺したものと考えるのが自然ですね。

手術後，被害者の方はいつまで集中治療室に入っていましたか。

8月22日まで約1週間です。

今も一般病棟で入院中ですね。

そうです。

退院まではどれくらいかかる見込みですか。

受傷後，約1か月といったところですね。

退院後，後遺症が残る可能性はありますか。

つなぎ合わせた腹直筋が，うまく機能を回復しなければ，力仕事などがしにくくなる可能性はあります。

このように，手術をした医師からは，診断書の記載内容について，診療録を見

てもらいながらその詳細を聞いていきます。

　医師や鑑定人などの専門家から話を聞く場合，医師や鑑定人などが事前に作成した診断書，診療録や鑑定書の内容を示して話を聞くことは不当な誘導には当たりません。むしろ，事前に作成された資料がある場合には，それらを全て見てもらいながら，より詳しく正確な話を聞き取る必要があります。

　なぜなら，医師や鑑定人などの専門家は，通常，その専門的な知見に基づいて，診断書，診療録や鑑定書などの文書に正確にその所見を記載している一方，医師や鑑定人が記載内容の詳細まで逐一記憶しているわけではないため，事前に作成された資料を見ながら説明してもらった方が内容が正確だからです。

　また，医師や鑑定人などの専門家が作成した書面は，専門家がその知見に基づいて認識・判断した内容を意識的に書面に記録するという性質上，知覚・記憶・表現・叙述の各過程に誤りが入る余地は少なく，「事実」をオープンに聞いて記載内容の信用性を吟味する必要性も高くはないからです。

　もちろん，専門家の作成した書面や供述であっても，その信用性が問題となることはありますが，それは専門家の知覚・記憶・表現・叙述の各過程に誤りがあるという問題ではなく，その専門家自身の資質や能力，判断の前提となった基礎資料の正確性などが問題となることが多いのです。

　本講では，２つの設例を用いて，参考人調べを検討しました。

　一般の参考人については，取調べの基本型を守り，場面を設定し，「事実」をオープンに聞いていくのが基本です。

　他方，専門家の参考人については，専門家作成の書面の内容のうち，取調官が理解できない部分，内容に疑問がある部分，法廷においてより具体的な説明が求められる部分などを事前に整理したうえで，より正確でより詳細な供述を得るべく，それまでの資料を見てもらいながら，具体的に説明してもらうのだということを意識するとよいでしょう。

　なお，専門家証人の場合，検察官が参考人の執務室まで出向いて話を聞かせてもらうことの方が多く，機材等の関係もあり，「録音録画」はできないのが一般的だと思われますが，目撃者等の一般の参考人調べと専門家調べを比較することで，参考人調べの方法がより意識しやすくなるのではないかと考え，簡易な設例で併せて検討してみました。

　ダメな取調べの例として，第2講で，「あっそ。」という余計な一言を挙げましたが，似たようなものに，「へー。」という無駄な相槌が挙げられます。

　例えば，第4講のコラム「ダメな取調べ①」と同じく本講の**設例1**の事案で，被疑者に商品を盗んだ順番を聞こうとして，

何から盗んだの。

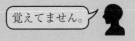
覚えてません。

へー。

　この「へー」は一体何なのでしょうか。

　証拠構造を把握したときに，「覚えていない」のが嘘なのか，それとも「覚えていない」可能性があるのかによって反応は異なってしかるべきだと思いますが，いずれにしても「へー。」はあり得ません。

　下手な調べだとさらに，

よく思いだそーねー。

なんて言ったりします。

　取調官は「覚えていないわけないでしょ。思い出そうね。」と言いたいのかもしれませんが，録音録画を見ている者からすれば，取調官がなぜ被疑者は覚えていると確信しているのかの根拠も分からず，ただただ不快に感じるだけです。

　もちろん，被疑者にも同じ印象を与えるでしょう。百害あって一利なしです。

　「へー。」という相槌を使う場面はないと肝に銘じましょう。

　もちろん，被疑者が雑談の中で特技を教えてくれた場合などに感嘆の「へー。」「すごいですね。」の「へー。」はあり得ます。

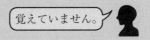
覚えていません。

と供述が出て，それが嘘だと確信できる場合，例えば，犯行の手口が非常に手馴れていて，商品を１つずつ手にとっては，人目に付かない場所まで移動して手提げバッグに入れることを数回繰り返しつつ，最後は商品の一部だけレジで購入している場合などについては，

ええええっ???　なになに??　覚えてない？
商品を手に取って，人目のないところに移動してるよね。
覚えてない？

覚えてません。

商品の一部は買ってるよね。

買ったのは覚えてます。

はぁ？　どういうこと？　買った部分は覚えてるけど，盗んだ部分は覚えてないの。

そうです。

あなた，レジを通過した後で，店外で保安員から声掛けられてるよね。

はい。

それは覚えてるの。

はい。

手提げバッグの中の商品について聞かれたよね。

覚えてません。

いやいや。ちょっと待ってね。保安員に声を掛けられたのは覚えてるのに，その会話の内容は覚えてないの。

はい。

なんで。

分かりません。

手提げバッグの中の商品について聞かれたよね。

覚えてません。

じゃあ，何と答えたかも覚えてないの。

はい。

別の店で買ったって言ったみたいよ。

覚えてません。

そう言ったかどうかを覚えてないの。

はい。

あなたの記憶，ずいぶん都合よくない？

……。

などと，はっきりと正面から，取調官が「ふざけるな。」と思っていると分かるような問答を残しましょう。

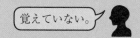

覚えていない。

と出た供述について，

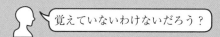

覚えていないわけないだろう？

と追及するのも，「へー。」よりはましですが，あまり賢くはありません。

あくまでも，証拠構造を意識して，「覚えているはず」の根拠となる間接

事実をぶつけるべきです。

　ここでは，①商品を手にとり，人目の付かないところに移動して商品を手提げバッグに入れている事実，②レジで商品の一部を購入している事実（正当な客だと思わせるためのカモフラージュでしょう。），③店外で保安員から声を掛けられたときに，手提げバッグの盗んだ商品につき「他の店で買ったもの」などと積極的に嘘をついている事実が，それに当たります。

　これらの事実は，「論告」においても，被告人が計画的に本件犯行に及んだ事実，手慣れた犯行である事実及び覚えていない旨の弁解は虚偽である事実を証明するための間接事実として主張する内容となりますし，防犯カメラ映像及び保安員の供述から問題なく証明できますから，「覚えていない」などと言われても慌てずに追及すればよいのです。

　なお，これらの事実を被告人にぶつけたときの弁解は把握しておく必要があるので，捜査段階できちんとぶつけて確認しておきましょう。公判でぶつければいいので捜査段階で聞く必要はないという意見もあり得るかもしれませんが，公判でぶつければいいのであれば捜査段階でぶつけてもいいはずです。①②③の事実は，被疑者にとっては争いようのない事実のはずですから，きちんとぶつけて弁解を確認すべきです（全く想像していなかった，しかも排斥困難な弁解が出てこないとも限りません。）。

第14講

覚醒剤自己使用，スーパーにおける万引き
～捜査警察官に対する取調べ

> **ここがPOINT**
>
> オープンに事実関係を聞くことを尽くした上で，被疑者・被告人の弁解に関する事実を掘り下げて聞くこと

はじめに

本講では，警察官に対する取調べを検討します。

警察官に対する取調べも，誘導で場面を設定し，オープンに詳細を聞く，という形であることに基本的に変わりはありません。もっとも，被害者や参考人と異なり，対象が捜査関係者であるという性質上，注意すべき点もあります。

設例1では，覚醒剤の自己使用事案で採尿手続の適法性が争われた事例を，**設例2**では，窃盗の事案で警察段階の取調べ状況が1つの争点となった事例を検討します。いずれも実際の事件を参考に作成した仮想事例です。

設例1
. . . .

被疑者（50歳）は，恐喝及び器物損壊の被疑事実で逮捕されたが，覚醒剤使用の前科があったことから，取調室において尿の任意提出を求められ，「任意には出さない。令状を取って来い。」などと言って，任意提出を拒んだことから，警察官は，令状の発付を受け，被疑者に尿の提出を求めた。被疑者は，「じゃあ出しますよ。」と言って，警察官に同行されてトイレに行き，採尿カップに尿を出した。警察官は，被疑者の目の前で，被疑者の尿を採尿カップから採尿容器に移し，被疑者に封印をさせた。

被疑者は，「採尿カップに尿を出した際，排尿の途中でそのカップを警察官に背後から取り上げられ，自分の目が採尿カップから切れたことがあり，その後，警察官が手に取った採尿カップの尿の中には白い粉が浮かんでいた。目を切った

際に，警察官が覚醒剤を入れたのではない
か。」などと主張した。

　採尿手続をした警察官から何をどのように
聞くべきか。

・・

検　討

　警察官の捜査手続の適法性が争われる場合，複数の警察官で手続を担当してい
ることが多いと思います。

　例えば，本講の設例では，被疑者の腰縄を持って同行している警察官，被疑者
に採尿カップと採尿容器を水で洗わせて，被疑者が排尿した採尿カップを受け取
り，被疑者の目の前で採尿容器に移し替え，被疑者に封印させる警察官，それら
の様子を写真撮影して記録する警察官がいました。

　このような場合，そのうちの誰かから話を聞けばいいのではなく，全員から話
を聞く必要があります。しかも，全員を一緒に聞くのではなく，全員から個別に
話を聞く必要があります。

　なぜなら，問題となっている手続に3人の警察官が関与していた場合であれば，
それぞれから話を聞いた上で，各供述が整合するかどうかを確かめることで，各
供述の信用性を吟味する必要があるからです。

　そして，一般の参考人や被害者とは異なり，手続の適正が争われている事案の
警察官の場合，仮に当該手続に違法があった場合には，嘘をつく可能性があり，
弁護人はそのような視点で反対尋問をしますから，検察官もそれを前提に警察官
の供述の信用性を十分に検討する必要があります。

　もっとも，3人の警察官が関与していたとしても，一連の手続の中で，手続全
体を意識的に把握している警察官はそのうちの一人か二人であり，各人の責任と
役割に応じて場面の目撃状況や記憶に濃淡があるのは自然なことです。

　ですから，責任と役割に照らして最も手続への関与の程度が強い警察官からま
ず話を聞き，その供述を軸に，その他の警察官の供述との整合性を吟味しつつ，
信用性を評価し，事実を認定することになります。

　本件では，被疑者に採尿カップと採尿容器を水で洗わせて，被疑者が排尿した
採尿カップを受け取り，被疑者の目の前で採尿容器に移し替え，封をした警察官

が採尿手続の責任者であり，争点との関係でも核心となる役割を果たしています
から，最初に話を聞くべき警察官ということになります。

※ 🙂 ＝取調官，👤 ＝警察官を示します。

> あなたは，被疑者からの採尿手続に関与した警察官で
> すね。

はい。

自己紹介に当たる部分です。属性を確認しています。

> 被疑者から尿の提出を求めることになった経緯につい
> て説明してもらえますか。

> 被疑者が恐喝と器物損壊の事実で逮捕され，留置後，
> 取調べのために取調室で別の課の捜査員が話を聞いて
> いたのですが，被疑者には覚醒剤の前科があり，逮捕
> された事実も恐喝と器物損壊という粗暴犯でしたか
> ら，覚醒剤の影響があるのではないかと疑いました。

> それでどうしたのですか。

> 恐喝と器物損壊の取調べの中断中に取調室に入って，
> 被疑者に尿を出してもらえないかと尿の任意提出を求
> めましたが，被疑者は，「尿を出してほしければ書面
> を持ってきな。」などと言って，任意提出を拒みました。

> 「書面」というのは令状のことですかね。

そうです。

> それでどうしましたか。

> 令状を請求するための疎明資料とするために腕の写真
> を撮らせてほしいと言いました。

そうしたらどうなりましたか。

被疑者は両腕の袖をまくって腕を見せました。

注射痕はありましたか。

はっきり注射痕だと分かるものはありませんでした。

それで。

写真担当の警察官が被疑者の腕の写真を撮影しました。

それから令状の請求をして，令状の発付を受けましたね。

はい。

令状を得てどうしましたか。

被疑者に令状を示して，尿の提出を求めました。

そうしたらどうなりましたか。

被疑者が「じゃあ行きますか。」と言って，尿を出すためにトイレに行きました。

カテーテルで強制採尿するわけじゃないのですか。

はい。令状があれば自分から出す，という態度でした。

トイレに行ってどうしましたか。

尿を出してもらうために，被疑者に採尿カップと採尿容器を渡して，洗面所で水洗いをさせました。

なんで水洗いさせたのですか。

採尿カップと採尿容器に異物などが入っていないことを確認させて，自分で洗わせることで，異物が入っていたなどという主張を許さないようにするためです。

 それからどうしたのですか。

 水洗いさせた採尿カップと採尿容器を持たせて，小便器の方に移動させ，採尿カップに尿を出し，小便器の前の棚に置くように言いました。

 被疑者はそのとおりにしましたか。

はい。

 あなたはその様子を見ていたのですか。

はい。

どこからですか。

小便器の前に立つ被疑者の後ろ側からです。

それからどうなりましたか。

被疑者が採尿カップを目の前の棚に置き，小便を終えたので，それを手に取って渡してくれと言い，受け取りました。

被疑者は，採尿カップに尿を出した後，それを目の前の棚に置き，小便が終わってからそれを自ら手に取り，あなたに手渡したということで間違いないですか。

はい。

それからどうしましたか。

被疑者の目の前で，採尿カップに入った尿を採尿容器に移し替えました。

それから。

被疑者に採尿容器の封印をさせました。

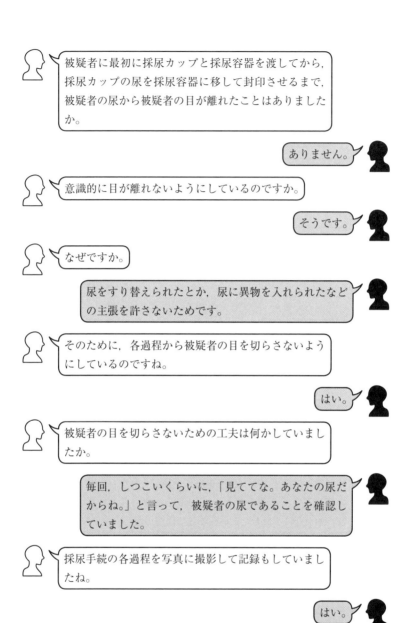

被疑者に最初に採尿カップと採尿容器を渡してから，採尿カップの尿を採尿容器に移して封印させるまで，被疑者の尿から被疑者の目が離れたことはありましたか。

ありません。

意識的に目が離れないようにしているのですか。

そうです。

なぜですか。

尿をすり替えられたとか，尿に異物を入れられたなどの主張を許さないためです。

そのために，各過程から被疑者の目を切らさないようにしているのですね。

はい。

被疑者の目を切らさないための工夫は何かしていましたか。

毎回，しつこいくらいに，「見ててな。あなたの尿だからね。」と言って，被疑者の尿であることを確認していました。

採尿手続の各過程を写真に撮影して記録もしていましたね。

はい。

　このように，まずは一通り採尿手続について，警察官に説明してもらいます。ここはオープンに詳細を語ってもらうところです。
　その上で，次に，信用性と争点に関する部分について改めて確認します。

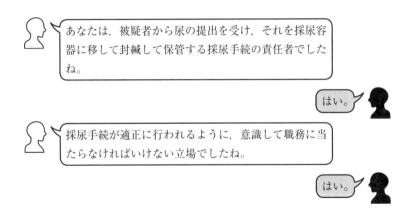

あなたは，被疑者から尿の提出を受け，それを採尿容器に移して封緘して保管する採尿手続の責任者でしたね。

はい。

採尿手続が適正に行われるように，意識して職務に当たらなければいけない立場でしたね。

はい。

　ここは，複数の警察官が関与する採尿手続において，供述している警察官が手続の適正について責任を負う立場にあり，それゆえ，手続を意識的に知覚し，記憶している立場であることを明らかにしています。

　そして，

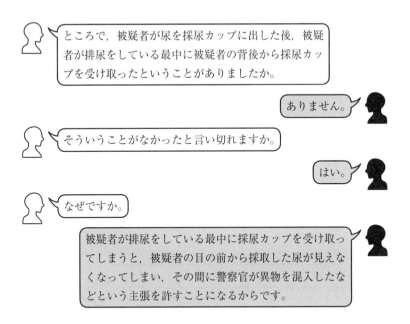

ところで，被疑者が尿を採尿カップに出した後，被疑者が排尿をしている最中に被疑者の背後から採尿カップを受け取ったということがありましたか。

ありません。

そういうことがなかったと言い切れますか。

はい。

なぜですか。

被疑者が排尿をしている最中に採尿カップを受け取ってしまうと，被疑者の目の前から採取した尿が見えなくなってしまい，その間に警察官が異物を混入したなどという主張を許すことになるからです。

などと問答をして，被疑者が弁解するような，被疑者が採尿カップから目を切る場面があったかを確認しています。

　さらに，採尿カップに白い粉が浮かんでいたとの弁解についても事実関係を確

認します。

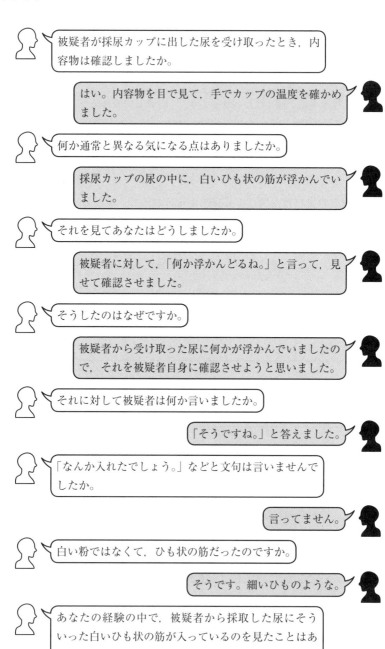

被疑者が採尿カップに出した尿を受け取ったとき，内容物は確認しましたか。

はい。内容物を目で見て，手でカップの温度を確かめました。

何か通常と異なる気になる点はありましたか。

採尿カップの尿の中に，白いひも状の筋が浮かんでいました。

それを見てあなたはどうしましたか。

被疑者に対して，「何か浮かんどるね。」と言って，見せて確認させました。

そうしたのはなぜですか。

被疑者から受け取った尿に何かが浮かんでいましたので，それを被疑者自身に確認させようと思いました。

それに対して被疑者は何か言いましたか。

「そうですね。」と答えました。

「なんか入れたでしょう。」などと文句は言いませんでしたか。

言ってません。

白い粉ではなくて，ひも状の筋だったのですか。

そうです。細いひものような。

あなたの経験の中で，被疑者から採取した尿にそういった白いひも状の筋が入っているのを見たことはありましたか。

あります。時々，白いタンパクのようなものが浮かん
でいることはあります。

　このように，警察官の捜査手続の適法性が争われた場合，まずは，その場で最
も意識的に関与していた警察官を特定し，その警察官からオープンに詳細を聞い
た後に，被疑者の弁解に関わる部分に焦点を当てて，その部分の説明をオープン
に求めた後，最後に，被疑者の弁解内容を当てて，弁解のような事実があったか
どうかを確認します。

　もちろん，①オープンに詳細を聞く，②弁解に関する事実に焦点を当ててオー
プンに聞くという中で，十分に弁解を排斥できる事実関係が供述された場合には，
③被疑者の弁解内容を当てて弁解のような事実があったかどうかを確認する必要
はありません。なぜなら，①②の過程で，すでに被疑者の弁解するような事実が
なかったことが明らかになっているからです。

　取調べの内容は，証人尋問における尋問と同じです。ですから，前回検討した
参考人調べと同様，録音録画のカメラを裁判官だと想定して法廷で尋問をしてい
る意識で話を聞いていくとよいでしょう。

　そして，そのような取調べでまとまりのよい記録ができたのであれば，供述調
書を作成する必要はないと思います。録音録画は，取調官の問いと取調べを受け
る者の答えがそのまま音声と映像で記録されるわけですから，それが最も証拠価
値が高いと考えられるからです。

　もっとも，録音録画下の取調べが長時間であったり，又は，話があちこちに飛
んだりして，なかなか要領を得ないものになった場合には，要点を簡潔にまとめ
た調書を作成した方が，検察官のみならず，弁護人・裁判官にも証拠関係が分か
りやすくなり親切だと思います。

　このように軸となる警察官を取り調べた後で，写真を担当した警察官，腰縄を
持っていた警察官などからも事情を聞き，立証の柱となる警察官の供述と整合す
るものであるかどうかを吟味することになります。

設例2
・・・・・・・・・・

　被疑者（25歳）は，某年5月15日，スーパーでジュース，缶コーヒー，チョコ
レートを手に取り，防犯カメラの死角に移動して，それらを持参していた手提げ
バッグに入れ，その後，ポテトチップスをレジで精算して，店外に出ようとした
が，犯行を目撃していた保安員から「未精算の商品がありますよね。」と声を掛

けられ，「他の店で買ったものです。」と言っ
たが，通報を受けて駆け付けた警察官に現行
犯人逮捕された。

　被疑者は，逮捕直後は犯行については覚え
ていないなどと述べたが，翌日から自白を始
め，以後，警察においては一貫して自白した
が，検察庁の取調べでは「覚えていない。」
などと供述している。

　取調べを担当した警察官から何をどのよう
に聞くべきか。

・・・

検　討

　前回検討した設例と同じ事案を用いて，被疑者を取り調べた警察官の取調べを
検討します。

 あなたは，被疑者の取調べを担当した警察官ですね。

はい。

　ここは自己紹介の部分ですね。

 被疑者を逮捕した直後，弁解録取手続では被疑者は，
事件について何と言っていましたか。

「覚えていない。」と言っていました。

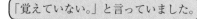

弁解録取手続の後に，身上調書を作成するために身上
について聞きましたか。

はい。聞きましたが，身上についても覚えていないな
どと言っていました。

 それで，逮捕当日の身上調書の作成はできなかったの
ですか。

はい。何を聞いても覚えていないと言うので，取調べにならず，翌日，被疑者が落ち着いてから改めて確認しようと思いました。

翌日付けの身上調書が作成されていますが，この日の取調べでは被疑者はどんな様子でしたか。

「落ち着いたか。」と聞くと，「はい。」と答えて，「思い出したか。」と聞くと「はい。」と言って，身上も素直に話してくれました。

身上調書を見ると，被疑者が卒業した小学校や中学校の名前なども出てきますが，あなたは被疑者の卒業した小中学校を知っていましたか。

いいえ。

これらの身上に関する供述は被疑者が話さなければあなたには知り得なかった事実だということでいいですか。

そのとおりです。

犯罪行為についても話したのですか。

はい。お金がもったいなくて，ジュースと缶コーヒーとチョコレートを手提げバッグに入れて盗んだと話しました。

あなたは，被疑者が犯罪事実について話した内容を記録した調書をいわゆる「問答形式」で録取していますね。

はい。

それはなぜですか。

被疑者は最初に覚えていないと否認していましたので，問いと答えを正確に記録して，供述の任意性と信

用性を確保するように意識してそのような形式にしました。

あなたの作成した調書を見ると，「問」とあって，「ポテトチップスはどうして買ったのですか。」とあって，「答」とあって，「覚えてません。」とありますね。

はい。

このような問答があったということでいいですか。

はい。

同様に，「問」とあって，「あなたは保安員に『未精算の商品がありますよね』と声をかけられたとき，何と答えましたか。」とあって，「答」とあって，「覚えてません。」とありますね。

はい。

このような問答があったということでいいですか。

はい。

そうすると，あなたは，被疑者との問答の中で，被疑者が「覚えていない。」と供述した部分についてはそのとおり「覚えていない。」と記録したということですね。

はい。

逮捕の翌日に自白を始めたという被疑者ですが，その後あなたの前で，自白を翻したり，やっていないとか覚えていないとか本件犯罪事実を否認したことはありましたか。

ありません。

> その後，検察官の取調べでは，本件犯行について，「覚えていない。」などと否認しているのですが，それを聞いてどう思いますか。

> 私の前では，素直に具体的な話をしていましたから，覚えていないなんてことはあり得ないと思います。

　警察と検察で録音録画の実施の有無に違いがある場合，警察で録音録画をしないで実施した取調べの結果作成された被疑者調書の内容と検察官が録音録画下で取調べをした被疑者の供述内容に齟齬が生じ得ることは想定しなければなりません。そして，警察における供述内容が検察において後退した場合，検察官は，被疑者を追及することはもちろんですが，取調べを担当した警察官からも取調べの状況を確認する必要が生じる場合があります。被疑者調べを担当する警察官は，そのような可能性も念頭に，本件のような事案では，設例のように，調書を問答形式で作成するなどの工夫が必要になる場合があるでしょう。

　また，検察官の取調べにおいて，被疑者に限らず，関係者が警察段階で作成された調書の内容と異なる供述をした場合は，検察官において，

※ 🙂 =取調官，🔲 =関係者を示します。

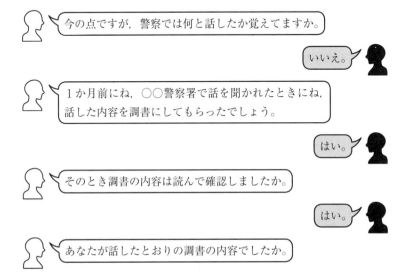

> 今の点ですが，警察では何と話したか覚えてますか。

> いいえ。

> 1か月前にね，○○警察署で話を聞かれたときにね，話した内容を調書にしてもらったでしょう。

> はい。

> そのとき調書の内容は読んで確認しましたか。

> はい。

> あなたが話したとおりの調書の内容でしたか。

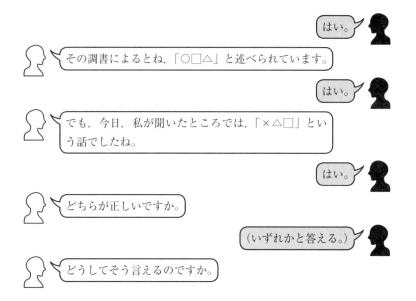

はい。

その調書によるとね，「○□△」と述べられています。

はい。

でも，今日，私が聞いたところでは，「×△□」という話でしたね。

はい。

どちらが正しいですか。

（いずれかと答える。）

どうしてそう言えるのですか。

などという形で，「録音録画」の下，オープンに質問して出た供述「×△□」と警察段階での調書内容「○□△」との乖離についての理由をオープンに質問して確認しなければなりません。

　ですから，警察官も，警察では録音録画を実施していない取調べにおいても，検察庁においては録音録画の下で取調べを行う可能性があることを意識した取調べを行う必要があることに注意が必要です。

　今回検討した設例の場合は，被疑者が，保安員から，「未精算の商品がありますよね。」と声を掛けられた際に，「他の店で買ったものです。」などと説明した事実や，そもそも夏の暑い時期に，体調不良でもないのに，マスクを着けていたり，視力も悪くないのに眼鏡をかけているなど，被疑者が意図的に窃盗に及んだ事件であることが明らかであり，警察における自白内容が真実であることに自信が持てる事案でした。

　しかし，物証や間接事実に乏しく，供述で事実を特定していかなければならないような事件の場合，録音録画のないところでだけ供述した内容を真実だと認定するのは困難な場合が多いと考えられます。

　結局のところ，録音録画の下では供述されないような供述内容には基本的に証拠価値はなく，録音録画を実施していない取調べにおいても，録音録画を実施している場合と同様に取り調べる必要があるのです。

　同じ組織にいて，同じ目的を持って仕事をしていても，事件の処分方針について上司と意見が対立することがあります。

　例えば，主任検察官として，有罪を立証できる十分な証拠関係だと考え，公判請求をしようとしたところ，上司は証拠が不十分だとの意見でその了解が得られなかったり，事案に照らして体刑求刑が相当だと考えていたところ，上司は罰金相当だとの考えで意見が合わなかったりすることなど，日常茶飯事ではないでしょうか。

　刑事司法手続に，自然科学のような正解はありません。

　仮に，裁判官の下す判決が「正解」だと考えるとしたとしても，その「正解」は，裁判官により異なり，時代により異なります。

　したがって，上司と部下の意見が合わないことがあるのは当然のことで，そのこと自体を深刻に悩む必要はありません。

　ただし，意見が対立する原因については謙虚に考えてみる必要があります。

　同じ組織にいて，同じ目的を持って仕事をしているわけですから，「同じ事実関係」を念頭に置いた場合に，評価や判断が分かれるということがそれほど頻繁にあるとは思えません。

　そうすると，意見が対立する原因の多くの場合は，上司と部下が「同じ事実関係」を念頭に置いていない可能性が大きいのです。

　すなわち，部下が証拠を検討して見ている「事実関係」と上司が部下から報告を受けて見ている「事実関係」が異なるために，それぞれの「事実関係」に対する評価や判断が異なるのです。

　これは，前提となる「事実関係」が異なるのですから当然のことです。

　部下は，見えている「事実関係」を適切に上司に伝えるように努力する必要がありますし，上司も，部下の説明する「事実関係」をきちんと汲み取る努力をし，お互いが「同じ事実関係」を見た上で議論する必要があります。

　そのためにも，適切な証拠構造の把握と，適切なコミュニケーション能力が必要です。

　上司と部下は，「証拠」で「コミュニケーション」をとるからです。

第 5 章

まとめ

第15講
録音録画の意義と取調べの技術

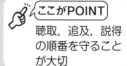

ここがPOINT

聴取，追及，説得
の順番を守ること
が大切

はじめに

　これまでの講義のまとめとして，録音録画が取調官を守ってくれる例，録音録画が武器になる例，録音録画下で特に気を付ける必要がある例を題材として，録音録画時代の意義とその取調べの技術について振り返ってみたいと思います。

　設例は，実際の事案を参考に作成した仮想の事例です。

設例1

　告訴人は，告訴・告発を繰り返す者であるが，警察官に対し，ある事件の告発をしようとしたところ，警察官が正当な理由もないのに告発の受理をしなかったとして，検察官に対し，同警察官を公務員職権濫用罪で口頭による告訴をしたいと出頭した。

検　討

　告訴人は，初対面の私に対し，「やあやあ！」という妙に馴れ馴れしい態度で私の面前に着席するや，足を組みました。

こんにちは。

こんにちは。

今日お話を伺わせていただく検事の山田と言います。
よろしくお願いします。

よろしくお願いします。

あなたがこの部屋に入ってから退出されるまで録音録
画していますのでご了承ください。

拒否します！

え。

拒否する権利があるでしょ。

なんで拒否するのですか。

あ，そっか。録音録画は義務になったんだっけ。

確かに録音録画の義務化は始まっていますが，それは
一部なので，この件では義務ではありません。

じゃあ，拒みます。

いえいえ，義務化というのは，あくまでも捜査機関に
対して，一定の場合に録音録画を義務付けたのであっ
て，義務かどうかは捜査機関に対して法律が命じたも
のです。
ですから，話を聞かれる人の義務とか権利とかいう話
ではありません。
それから，録音録画は，私が不適切な取調べを行わな
いように，私を監視するという趣旨と，あなたの供述
を間違いなく記録するという趣旨で，私の裁量で行う

ものです。ですから，あなたが拒否すると言っても，するかしないかは私が決めます。

　なお，ここで私が説明している「趣旨」は，あくまでも，私が私の取調室で行う取調べにおいて録音録画を行う趣旨であり，法律が録音録画を義務付けた趣旨とは異なりますので注意してください。

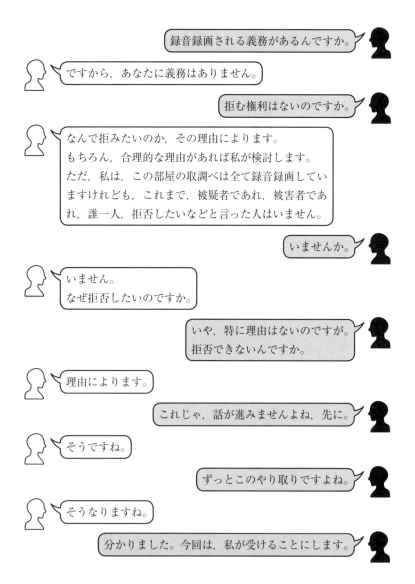

録音録画される義務があるんですか。

ですから，あなたに義務はありません。

拒む権利はないのですか。

なんで拒みたいのか，その理由によります。
もちろん，合理的な理由があれば私が検討します。
ただ，私は，この部屋の取調べは全て録音録画していますけれども，これまで，被疑者であれ，被害者であれ，誰一人，拒否したいなどと言った人はいません。

いませんか。

いません。
なぜ拒否したいのですか。

いや，特に理由はないのですが。
拒否できないんですか。

理由によります。

これじゃ，話が進みませんよね，先に。

そうですね。

ずっとこのやり取りですよね。

そうなりますね。

分かりました。今回は，私が受けることにします。

第3講でも述べましたが，録音録画は，捜査機関の取調べの適正を確保する趣旨ももちろんありますが，このような告訴人等に対して，その言動を抑制する効果が期待できます。

　録音録画は，取調べ対象者の権利が国家権力によって不当に制限されないためのものであるのに，なぜそれを拒否するのか分かりませんから，執拗に拒否したとしても，それを安易に受け入れるべきではないと思います。

設例2

　被疑者（25歳）は，某年3月15日，知人である被害者（25歳）に対し，被疑者を通じて仮想通貨に投資すれば，1か月で預けた金額の2～3倍にして返す。元本は保証すると嘘を言い，同年3月20日，その言葉を信じて消費者金融2社から合計100万円を借り入れた被害者から，100万円の交付を受けて詐取した。

検　討

　第11講で検討した設例と同じ事案を用いて，被疑者の取調べを検討します。被疑者は，仮想通貨の取引所に口座を開設した履歴がないにもかかわらず，「実際に仮想通貨に投資しており，詐欺はしていません。」と弁解していました。

　※ 😐 ＝取調官，🖤 ＝被疑者を示します。

　ここで，

> あなたは，仮想通貨の取引所に口座を開設していないですよね。

と仮想通貨の取引所に口座開設がないことを前提とした質問から入るのは得策ではありません。

　そうではなく，

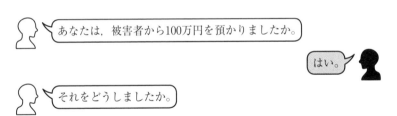

> あなたは，被害者から100万円を預かりましたか。

> はい。

> それをどうしましたか。

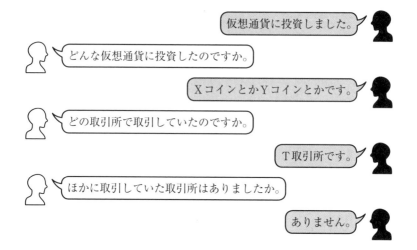

と嘘をつかせて，それを録音録画に記録すべきです。

　最初の，

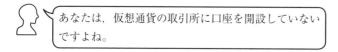

という質問は，照会結果から判明した，被疑者が仮想通貨の口座を持っていないという物証を当てる質問ですが，それをいきなり当ててしまうと，

と嘘をつく可能性もありますが，被疑者は，口座を開設していない自覚があるはずですから，取調官の意図を察して，

などという弁解を考えさせてしまう可能性があります。

　被疑者は，口座を開設していない自覚があるにもかかわらず，仮想通貨に投資していたなどという嘘をついていたのですから，おそらく，捜査機関が口座開設履歴を捜査することができ，すでに捜査済みであることを知らなかったと考えら

れます。

　そこで，口座開設履歴がないことを把握している事実を被疑者に当てることなく，オープンに聞いていくべきなのです。

　もちろん，オープンに聞いても，同様の弁解をする可能性はありますが，取調官としては，物証は何も当てず，かつ，何も知らない素振りで，オープンに話を聞き出すことが大切です。

　ここは，できる限り具体的な嘘を供述させ，録音録画に記録することによって，その後，口座開設履歴がないという証拠を被疑者に突き付けたときのインパクトが大きくなり，被疑者を追い詰めることにつながります。他方，もしかすると，捜査機関が照会しておらず，把握できていなかった取引所での取引履歴が被疑者の口で語られるなどということもあるかもしれません。

　いずれにせよ，取調官は，話しやすい雰囲気を作り，答えやすいオープンな質問で，相手から具体的な供述を引き出すことを意識し，それを徹底すればよいのです。

　ところで，「調書時代」においては，被疑者がT取引所で取引をしていたと供述した後に，

> あなたは，仮想通貨の取引所に口座を開設していないですよね。

と聞くと，

> あ，そうでした。これから取引をしようと思っていたという意味です。

> さっきは，XコインとかYコインとかの取引をしていたと言っていたでしょ。

> いいえ。やろうと思っていたと言いましたよ。

などと強弁されてしまい，嘘の内容の調書を作成できないということがありました。

　これを避けるためには，一通り嘘の話をさせた上で，

> ここまでの話を調書にまとめますね。

として，一度調書を作成・完成させた上で，その後に，

> あなたは，仮想通貨の取引所に口座を開設していない
> ですよね。

と聞いて，その答えを別の調書にするという煩雑な作業が必要でした。

　しかし，「録音録画時代」では，必ずしもそのような煩雑な作業をしなくても
よくなったと考えられます。録音録画を見れば，取調官の誘導のないオープンな
質問に対し，被疑者が嘘をついたことがそのまま記録されるからです。

　「録音録画時代」においては，被疑者に不利な物証がある場合，それをきちん
と把握し，証拠構造における位置付けを踏まえつつも，それを一切当てることな
く，オープンに話をさせ，なるべく多くの嘘をつかせるようにすればよいのです。

　そして，一通り供述をさせた後で，最後に物証を示して，オープンな質問で，
その物について説明を求めて供述を得ましょう。

　これまで検討してきた「録音録画時代の取調べの技術」の振り返りとなります
が，

　①　誘導質問で場面を設定し，オープンな質問で，詳細な供述を得る
　②　その供述の信用性を他の物証や他の供述との整合性を踏まえて吟味する
　③　①の供述が物証と矛盾するようであれば，物証を示して，オープンな質問
　　　で，物証について詳細な供述を得る

基本的にはこれの繰り返しです。①が「聴取」，③が「追及」と位置付けられ
ます。

　実は，そのほかに「説得」と位置付けるべき段階がありますが，最後の設例を
通じて検討しましょう。

設例3
・・・・・・・・・・

　被疑者が黙秘している場合，どのような取調べをするべきか。

・・・

検　討

　黙秘にも色々な場合があります。

　黙秘すると言って調書の作成には応じないものの，質問によってはところどこ

ろ答えるという被疑者もいます。

　このような場合では，「調書時代」には，報告書を作成することはあったにしても，取調べ状況を記録することはできませんでした。しかし，「録音録画時代」には，被疑者の供述を録音録画に記録することができますから，色々な質問をする中で，どこまで供述するつもりがあるのかを慎重に見極めながら，なるべく被疑者の口で語らせるようにすればよいでしょう。そのうちに，被疑者が罪体についても話し始めたりすることもあります。

　他方で，黙秘の意思が固く，最初からいかなる質問にも答えない被疑者もいます。

　いずれの場合であっても，黙秘権の侵害との謗（そし）りを受けないような取調べをすることが大切です。

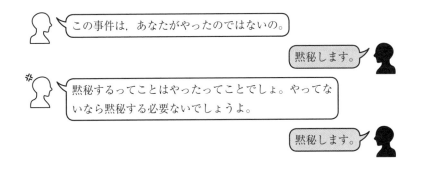

これはまずいですよね。

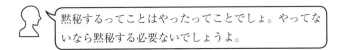

　この問いは，「黙秘」＝「犯人」だと推認されるよ，と言っているのと同じですから，黙秘権の侵害だとの謗りを受ける可能性があります。

　ですから，

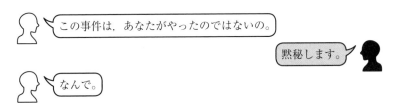

と黙秘の理由をオープンに質問しましょう。

しかし，その理由を聞いても，

と理由も黙秘し，

などと，黙秘を貫かれた場合には，これ以上質問を続けることは不適切だと思います。何を聞こうが黙秘を貫くという姿勢が明確になっているとみるべき状況で，質問をし続けることは黙秘権の侵害だとの誹りを受ける可能性があります。

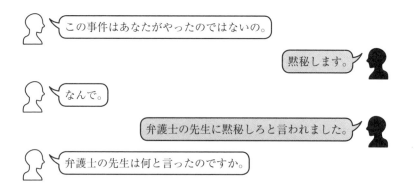

この質問も不適切ですね。弁護人との接見内容を聞くことは，接見交通権の侵害となる可能性があります。

弁護士の先生に黙秘しろと言われました。

あなたは，どうなの。あなたの事件でしょ。あなたは
黙秘したいの。

弁護士の先生から何も話すなと言われたので。

被害者は，犯人自らの口で何があったのかを話してほ
しいと思うんですよ。私も検察官として真実が知りた
い。
あなたの権利だから，黙秘をするのがあなたの意思で
あれば仕方がないが，他方で，これはあなたの事件で
あり，あなたの人生だからね。最後は自分で責任を
もって決めてくださいね。
私としては，あなたの口で，何があったのかをきちん
と説明してもらいたいと思っています。

　この最後の問いが，「説得」に該当します。

　「説得」は，オープンに聞く「聴取」でもなければ，物を示して説明を求める
「追及」でもありません。「説得」は，これまで検討してきた「技術」の問題では
ありません。取調官の誠実さ，真摯さ，真剣さ，熱意などといった人間力の部分
です。

　「録音録画時代」においては，「聴取」「追及」「説得」を，この順序で行うこと
が大切です。場面を設定したオープンな質問で詳細な供述を得て，その信用性が
認められるのであれば，「聴取」で終了です。

　「聴取」の結果，供述内容と物証等に矛盾等があれば，物証を示してオープン
に説明を求める「追及」に移ります。

　そして，「聴取」も「追及」も，証拠構造を適切に把握し，適切なコミュニ
ケーションに基づき，誘導的な質問で場面を設定し，オープンな質問で詳細な供
述を得るという「技術」です。

　ところが，「聴取」「追及」でも，被疑者から真実の供述が得られない場合，最
後に「説得」を試みます。この「説得」に，こうすべきという「技術」はありま
せん。むしろ，「技術」ではないところで真剣勝負を挑む必要があります。

　「技術」の部分は，要するに，「この場面について説明してください」（「聴取」），
「この物証について説明してください」（「追及」）と言って，誘導で場面を設定し

て詳細な供述を得ることの繰り返しでした。

　しかし，それによっても十分な供述を得られない相手を「説得」する場合，どのように相手を「説得」するかは，証拠構造のみならず，相手の個性や自分の個性によって千差万別であり，全ての取調官に共通する「技術」は見いだせないのではないかと思います。

　ただ，真に「説得」が必要になる事件は，証拠構造上，犯罪事実の立証が難しい事件であることが多いです。「聴取」「追及」でも自白に至らなかった被疑者であっても，証拠構造上，犯罪事実を証明できるのであれば，真に「説得」する必要は必ずしも生じないからです。もちろん，「説得」して自白を得た方が，より真実に近づくことができるわけですが，犯罪事実の立証という観点からは必須ではないわけです。

　そうではなく，犯罪事実の立証のために「説得」が必要になる事件というのは，難事件なのです。そのような難事件で被疑者を「説得」して真実の供述を得られるようになるためには人間力を磨くしかありません。

　この「説得力」を鍛えるためには，取調官自身の人生における経験値をあらゆる面で上げていくことが必要であり，「説得力」を探求する道に終わりはないのだと思います。

　第1講で，「取調べがうまい」検事は，①的確に証拠構造を把握する能力，②適切なコミュニケーション能力があると述べましたが，②適切なコミュニケーション能力は，その人の人間力を背景としていますから，人間力を磨くことは取調べ能力を磨くことにつながります。

　そして，供述をしている被疑者から犯罪事実に関する真実の供述を得るための「説得」は熱く，粘り強くすればいいと思いますが，設例に挙げたような黙秘している被疑者から供述を得るための「説得」は，黙秘権侵害の誹りを受けないように細心の注意が必要です。

　15講にわたり検討してきましたが，「録音録画時代」の取調べにおいては，「聴取」と「追及」には質問の順序と内容に関する「技術」があり，その順番を守ることが大切であり，被疑者や関係者から詳細な供述を得る前に「説得」から入るなどという取調べは，結果として成功したとしてもそれは偶然であって，決して巧い取調べとはいえないと思います。

　本書を通じて，適切に「証拠構造」を把握することが大切であることを繰り返し説明してきました。

　各取調べにおける「聴取事項」は，「証拠構造」との対応で決まるからです。

　「証拠構造」を把握する能力を身に付けるためには，否認事件の公判に立会し，その論告を起案することが有効です。

　しかし，様々な類型の犯罪について，否認事件を自ら経験することができるとは限りません。

　また，第一次捜査機関の方々は，そもそも否認事件の論告を起案するということはないでしょう。

　否認事件の論告を書く以外に，「証拠構造」を把握する能力を身に付けるための実践的な方法として，無罪になった事件の判決書を読むという方法があります。

　もちろん，自分の事件として，頭を使い，手を使い，自ら論告を起案することに比べれば，どうしても評論家的になってしまいますので，そこは自覚をした上で，その判決では，なぜ無罪になったのかをよく検討してみましょう。

　要証事実を念頭において，その要証事実を証明するための「物的証拠」の「意味付け」を誤ったのか，「供述証拠」の「信用性評価」を誤ったのか，そもそも，「物的証拠」の検討を疎かにしていたのかなど，判決が無罪とした理由は様々なはずです。

　その判決理由を読むことで，裁判官の思考過程を参考にして，「証拠構造」の把握の仕方を勉強することができます。

　もっとも，判決文が必ずしも「正しい」とは限りませんから，素直に読みながらも，批判的に検討することも必要です。

　無罪事件を題材にどのように学ぶことができるかの具体例について，補講②に挙げておきましたので併せて検討してみてください。

第 6 章

補　講

補講①
過失運転致傷及び道路交通法違反
～裁判例から学ぶ

 ここがPOINT
裁判例を踏まえ，供述された事実が法律上持つ意味を検討する

はじめに

　本講では，過失運転致傷及び道路交通法違反の弁解録取を例に取り上げます。

　弁解録取においては，弁解を聞いてそのまま録取すればよいというものではありません。

　被疑者の弁解内容について，法律的な意味付けをはっきりさせるとともに，事実認定上の問題点の有無・内容を明確にする必要があります（第2講など参照）。

設　例
・・・・・・・・・・

　被疑者は，普通乗用自動車を運転中，道路上で，横断歩行中の女性（71歳）に自車を衝突させ，同人を路上に転倒させ，全治約1か月の骨折等の傷害を負わせたにもかかわらず，その場から立ち去った。

　被疑者は，事故を起こした後，事故現場から150メートル離れた自宅に自車を駐車し，その後，歩いて事故現場に戻ってきた。

　事故現場付近の住民の通報により臨場した警察官が，現場に戻った被疑者に事情を聞いたところ，被疑者が事故を起こしたことを認めたため，警察官は，被疑者を通常逮捕した。

　なお，逮捕後の飲酒検知で，被疑者から呼気1リットル当たり約0.65ミリグラムのアルコールが検出された。

　被疑者は，逮捕後，事故現場から逃げたのではなく，女性の様子を確認した後，自動車が交通の妨げになると思ったので自宅に戻しただけであり，現場から離れ

ることを通行人に話して警察に通報しても
らった，アルコールが検出されたのは，自
宅に自動車を置いた際に，慌てて飲んだ飲
み物が焼酎だったからである旨弁解してい
る。

・・・

検　討

さて，被疑者は，道路交通法違反（不救護，不申告）について，犯罪の成立を
否定しています。

すなわち，被疑者は，事故後女性の様子を確認したから不救護ではない。現場
から離れたのは，自己が運転していた自動車をその場に停めていたのでは交通の
妨げになるため，近くの自宅の駐車場に置いて戻ってきたのであって，逃げては
いない。

また，被疑者は，現場から離れることは通行人に話したし，その通行人を通じ
て警察にも通報したのであって報告義務は尽くしたというものです。

まず，被疑者の弁解内容をオープンな質問で聞きます。

※ ＝取調官， ＝被疑者を示します。

 私が今読み上げた犯罪事実について，何か弁解はあり
ますか。

 はい。
私は，交通事故を起こして，女性に怪我を負わせたこ
とは間違いありませんが，車を降りて女性の様子を確
認した後，自宅が近かったので，周囲の迷惑にならな
いように車を自宅に戻しに一旦帰ったのであって，逃
げたわけではありません。また，警察には通行人から
電話してもらいましたし，戻ってからも現場にいた警
察官に私が運転していたことをちゃんと言いました。

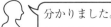
分かりました。
そうすると，交通事故を起こして人に傷害を負わせた
という過失運転致傷については認めるということです
ね。

はい。

しかし，その場から逃げたわけではなく，警察官にも
きちんと事故を申告したから道路交通法違反の事実は
ないということですかね。

はい。

では，今の内容を調書に残します。

などの問答で終えてしまい，以下のような調書を作成するのは適切ではありませ
ん。

調書例（悪い例）

　私は，読み聞かせられた犯罪事実のとおり，交通事故を起こして，<u>女性
に怪我を負わせたことは間違いありません</u>。
　しかし，<u>その場から逃げたわけではなく，警察官にも事故を申告しました</u>。

　この調書例の悪い点は大きく2点あります。
　1点目は，過失運転致傷について，どのような過失を認めているのかが不明確
な点です。
　被疑者は，交通事故を起こして，女性に怪我をさせたと供述していますが，被
疑者にどのような注意義務違反があったのかが具体的に聞けておらず，録取もさ
れていません。
　ですから，弁解録取の段階では，簡単で構わないものの，被疑者にどのような
注意義務違反があったのかについて，きちんと被疑者の口で説明させて録取すべ
きです。
　ところで，仮に，本件交通事故に被疑者の過失がなかった場合，被疑者に道路
交通法上の救護義務や報告義務は発生するのでしょうか。
　仮に発生しないとした場合，被疑者の過失の有無を特定することは，被疑者の

道路交通法違反の認否を確認する上で，必要不可欠な前提であるという論理関係に立つことになります。

　結論は，自動車の運転者に過失が認められない場合であっても，人の死傷が当該運転者の運転に起因するものであれば，運転者には救護義務や報告義務が課されます（末尾【論点1】参照）。

　ですから，本件の事例では，道路交通法違反の認否を確認するに当たり，被疑者の過失の有無を特定することが論理的な前提になるわけではありません。

　しかし，このようなことは，日頃から条文の解説や裁判例などを確認するくせをつけるとよいと思います。

　今回は，道路交通法72条1項関係の裁判例を最後にまとめましたので，執務の参考にしていただければと思います。

　2点目は，道路交通法違反の被疑者の弁解内容（事故後，車を自宅に戻しに行っただけで逃げたわけではない。警察にも事故を申告した。）が，不救護・不申告の成立を妨げる事実の主張なのか，そうではないのかが，弁解内容を具体的に掘り下げて聞いていないので分からない点です。

　つまり，【調書例（悪い例）】は，過失運転致傷については，きちんと自白して過失を認めているのかが分からず，道路交通法違反については，弁解内容が弁解として成り立っているのかが分からない点で適切な弁解録取になっていません。

　なお，過失運転致傷についての弁解録取が不適切であることは，【調書例（悪い例）】を読んでも分からないかもしれません。

　なぜなら，調書上は，「読み聞かせられた犯罪事実のとおり，」となっており，注意義務を摘示した犯罪事実を認めているようにも読めるからです。

　しかし，実際の問答を振り返ってみると，被疑者は，「私は，交通事故を起こして，女性に怪我を負わせたことは間違いありません」と供述しているにすぎず，自分の言葉で注意義務違反を認めているわけではありません。

　この例から分かるように，弁解録取調書を作成するに当たり，被疑者が事実関係を認めている場合であっても，調書に「犯罪事実のとおりで間違いありません。」という形でまとめ，それしか録取しないというのは適切ではありません。犯罪事実の核となる事実関係については，具体的な事実を聞き取り，その内容を調書に録取すべきだと思います。

　確かに，事実関係を1つひとつ確認し，録音録画に残しておけば弁解録取調書の内容は，「犯罪事実のとおりで間違いありません。」でもいいのではないかとの意見もあると思いますが，丁寧に事実関係を確認したのであれば，その要旨を具

体的な事実の形で調書に録取することは容易なはずですし，調書に具体的に録取して読み聞かせることで，改めて被疑者に文章でも内容を確認したということには意味があると思います。

それでは，実際の問答を検討しましょう。

＜過失運転致傷について＞

あなたは，道路上で，横断歩行中の女性に自車を衝突させたとされていますが，間違いありませんか。

はい。

ここは，被疑者が自車を女性に衝突させた点に場面を設定しています。

本件では問題ありませんが，コンビニエンスストアの駐車場などでの事故の場合，事故現場が道路交通法の適用を受ける「道路」なのかが問題となる場合がありますので，注意が必要です（末尾【論点2】参照）。

無免許運転の被疑者などには，「ここは無免許でも運転していい場所だと思っていた。」などと弁解することが時々見受けられますが，同様の論点です。

話を戻します。

誘導的な質問で場面を設定したら，オープンな質問で，詳細の説明を求めます。

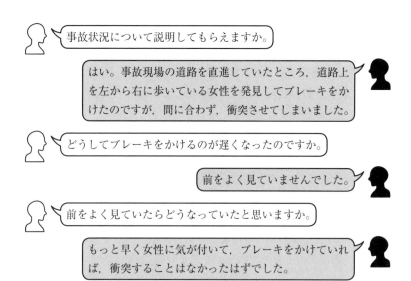

事故状況について説明してもらえますか。

はい。事故現場の道路を直進していたところ，道路上を左から右に歩いている女性を発見してブレーキをかけたのですが，間に合わず，衝突させてしまいました。

どうしてブレーキをかけるのが遅くなったのですか。

前をよく見ていませんでした。

前をよく見ていたらどうなっていたと思いますか。

もっと早く女性に気が付いて，ブレーキをかけていれば，衝突することはなかったはずでした。

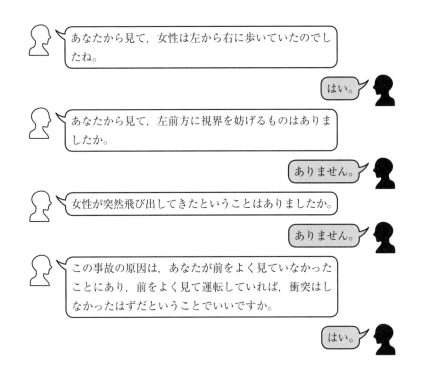

あなたから見て，女性は左から右に歩いていたのでしたね。

はい。

あなたから見て，左前方に視界を妨げるものはありましたか。

ありません。

女性が突然飛び出してきたということはありましたか。

ありません。

この事故の原因は，あなたが前をよく見ていなかったことにあり，前をよく見て運転していれば，衝突はしなかったはずだということでいいですか。

はい。

　本件は，現場の図面及び写真から左側の見通しがよく，被疑者の視界を妨げる固定物は存在しないことは明らかでしたので，過失を否定する弁解が出ないかどうかを念のため確認しています。

　もっとも，「過失」の有無は，「評価」ですから，被疑者が過失を認めるか否かに関わりなく，実況見分によって，予見可能性と回避可能性を特定する必要があることは当然です。

＜道路交通法違反について＞

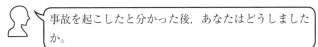

事故を起こしたと分かった後，あなたはどうしましたか。

車を20メートルくらい先に停めて，車から降りて，近くにいた男性に警察と救急車を呼んでくださいと頼みました。

　被疑者は，近くにいた男性に警察と救急車を呼んでくださいと言った旨供述し

ていますが，証拠上は，被疑者の車が走り去ったのを見た近隣住民の女性が110番通報したとの記録が残っていました。

　ですから，被疑者の供述を具体的に掘り下げていき，事実関係を確認することが必要です。

　また，道路交通法72条1項後段の報告義務につき，近くにいた男性に通報を頼む程度でも足りるのかどうか，裁判例等を検討する必要があります（末尾【論点3】参照）。

　裁判例を検討する限り，自ら警察官に報告しなければならないのが原則ですから，そこを意識しながら，詳細を掘り下げていきます。

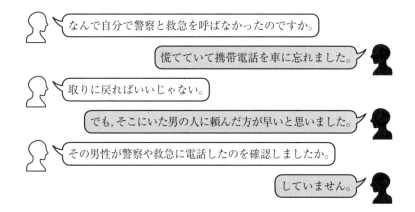

なんで自分で警察と救急を呼ばなかったのですか。

慌てていて携帯電話を車に忘れました。

取りに戻ればいいじゃない。

でも，そこにいた男の人に頼んだ方が早いと思いました。

その男性が警察や救急に電話したのを確認しましたか。

していません。

　取調官としては，そんな男性はいなかったのではないかと疑っていますが，仮にそのような男性がいたとしても，その男性に警察に電話をするように頼んだだけで，実際に電話をかけたかどうかも確認していないのであれば，報告義務を尽くしたことにはなりません。

　ですから，被疑者の弁解は，報告義務違反を否定する弁解としては成立していません。

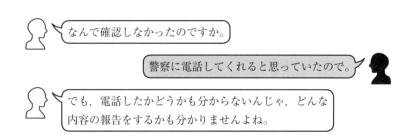

なんで確認しなかったのですか。

警察に電話してくれると思っていたので。

でも，電話したかどうかも分からないんじゃ，どんな内容の報告をするかも分かりませんよね。

はい。

ところで，その男性のことは，見れば分かりますか。

どんな人だったか覚えていません。

そうすると，あなたは，どこの誰に頼んだかは分からず，その人が実際に警察や救急に電話したかも確認していないということですか。

はい。

　被疑者は，報告義務を果たしたと弁解していましたが，ここまでの問答で，被疑者の主張はともかく，報告義務違反が成立するだけの事実関係を被疑者自身も認めていることが分かります。

　そこで，次に，救護義務違反について聞いていきます。

　ここでも，道路交通法72条１項前段の救護義務につき，裁判例等を検討する必要があります（末尾【論点４】参照）。

　裁判例を意識した上で，被疑者が具体的にいかなる行動をとったのか詳細を聞いていきます。

それで，その男性に警察への報告を頼んだ後，あなたはどうしたの。

衝突させてしまった女性に近づいていって「大丈夫ですか。」と声をかけました。

女性の様子はどうでしたか。

倒れて頭から血を流していて，うぅとうめき声をあげていました。

それを見てあなたはどうしたのですか。

意識があったので，大丈夫だと思って，車を自宅に戻しに行きました。

なんで現場にとどまらないで車を自宅に戻しに行ったのですか。

現場は狭い道路で，そこに車を停めたままにしておくと交通の邪魔になると思ったからです。また，私の自宅もすぐ近くでしたから。

あなたは，この現場は車でよく通るのですか。

はい。

現場の写真を示しますね。
十分にあなたの車を現場に停めておけるスペースがありますね。

今見ればそう思いますが，当時は，慌てていたので分かりませんでした。

あなたは，車を停めて一度は降りたんでしょ。そうしたら分かるでしょ。

停めておけるのは分かりますけど，家が近かったので，とりあえず，車を戻してこようと思いました。

あなたは，倒れていた女性に対して，「大丈夫ですか。」と声をかける以外に何かしましたか。

いえ。何もしていません。

何かできたことはありませんでしたか。

女性を道路の端に移動させるとか，車が来たら知らせて安全を確保するとか。

そういうことはしないで自宅に戻ったということでいいですか。

はい。

一旦自宅に車を置いて戻ってくるということを被害者の女性に説明しましたか。

いいえ，していません。

　被疑者は，逃げたわけではないと弁解していましたが，ここまでの問答で，被疑者は被害者の女性に対し，「大丈夫ですか。」と声をかけただけで，その場から立ち去ったことが認められます。

　そうだとすれば，被疑者が供述する事実関係から，救護義務違反が成立することも明らかです。

　結局，被疑者は，逃げていない，報告したと各主張をするものの，道路交通法違反の成立を妨げるような具体的な事実を主張しているのではなく，被疑者の供述する事実関係であれば，道路交通法違反（不救護・不申告）は成立しますから，被疑者の主張は弁解として成立していないことになります。

　ところで，最後に，被疑者の呼気からアルコールが検出された件についても確認します。

あなたは，車を自宅に戻した後，歩いて現場に戻ってきて，逮捕された後，アルコール検査を受けましたね。

はい。

その結果，呼気1リットル当たり約0.65ミリグラムのアルコールが検出されましたね。

はい。

その結果に心当たりはありますか。

はい。車を戻しに自宅に帰った後，人を轢いてしまったことの動揺から喉が渇いて，リビングのテーブルの上にあったコップの水を飲んだら，中身が水じゃなくて焼酎でした。

あなたは，飲酒運転で人を轢いたことが発覚するのを恐れて，そのような嘘をついているんじゃないですか。

違います。

　呼気からアルコールが検出された点の被疑者の弁解内容は突っ込みどころ満載ですが，本件の送致事実は，過失運転致傷と道路交通法違反（不救護・不申告）でしたので，被疑者の弁解を聞いて，取調官は，その内容を信じていないということを示して簡単に終えています。

　もちろん，不合理な点を確認する質問をしても構いません。

　そして，次のように調書にまとめます。

調書例（参考例）

　1　まず，過失運転致傷の点ですが，私は，見通しの良い道路で前方をよく見ておらず，道路の左側から道路を横断しようとしていた女性に気付くのが遅れ，自車を女性に衝突させ転倒させてしまいました。

　　私が前をよく見て運転していれば避けることができた事故だと思います。

　2　次に，道路交通法違反の点ですが，私は，事故の後，その場にいた男性に頼んで警察に通報してもらいました。

　　しかし，その男性が実際に警察に通報したかどうかは見ていないので分かりません。

　　その男性がどこの誰かも聞いていないので分かりませんし，今その人を見ても分からないと思います。

　3　また，私は，男性に通報を頼んだ後，倒れて頭から血を流していた女性に「大丈夫ですか」と声をかけました。

　　女性は，うぅとうめき声をあげていたので，意識があると思い，私は，車を自宅まで置いて，歩いて現場まで戻ってきました。

　　私は，「大丈夫ですか」と声をかけたこと以外，女性を救護するための行動は何もしていません。

　　問　あなたは，飲酒運転が発覚するのを恐れて現場から逃げたのではないですか。

　　答　違います。

　最初の【調書例（悪い例）】と比べれば，なぜ最初の例が悪いのかが分かると思います。

今回は，被疑者の弁解内容が，法律的に意味がある主張なのかどうか，あらかじめ裁判例等に当たって調査しておく必要があることを確認しました。その検討を怠ると，【調書例（悪い例）】のように被疑者の弁解内容をそのまま録取するしかなくなり，被疑者の主張が弁解として成立しているのかどうかが把握できません。

　弁解内容を確定し，捜査方針を明確にするためにも，被疑者の弁解内容について，法律的な意味付けをはっきりさせるとともに，事実認定上の問題点の有無・内容を明確にする必要があるのです。

　本件の設例では，被疑者に過失運転致傷及び道路交通法違反（不救護・不申告）が成立することに大きな問題はありません。そして，その点を明確に意識できて初めて，捜査の焦点を酒気帯び運転の立証に定めることができるのです。

＜道路交通法72条1項関係の裁判例＞

【論点1】 自動車の運転者に事故についての過失が必要か

（東京高判平成25年6月7日）

　自動車を運転中，進路前方の路上に倒れていた被害者に自車前部を衝突させた上，れき過し，同人に骨盤骨折等の傷害を負わせた事案においては，運転者に過失が認められない場合であっても，「自己の運転に起因して人に傷害を負わせる交通事故を起こした」と評価できるから，救護義務違反の点は道路交通法117条2項，同条1項，72条1項前段に該当する。

【論点2】 「道路」性について

（東京高判平成13年6月12日）

　道路交通法72条1項の「交通事故」は，同法2条1項1号所定の「道路」における車両等の交通に起因するものに限られると解されるところ，本件駐車場は，コンビニエンスストアの来客用の駐車場であり，道路法2条1項に規定する道路にも，道路運送法2条8項に規定する自動車道にも当たらないことは明らかであるが，「一般交通の用に供するその他の場所」に当たるかが問題となる。

　本件駐車場は，周囲を取り囲む南側道路との間に1か所，東側道路との間に2か所，遮へい物がなく自動車が自由に出入りすることが可能な出入口があり，また，北側道路との間（幅約18.6メートル）はフェンスや縁石等がなくどこからでも出入りが可能であって，上記店舗の利用客のみならず，本来周囲の道路を利用すべき車，自転車，歩行者なども多数通行しており，その中には直近の交差点の

信号待ちを回避しようとして同駐車場内を通行するものも少なくないという状況が認められ，「一般交通の用に供するその他の場所」として道路交通法上の道路に当たるということができる。

（東京高判平成17年 5 月25日）

　……本件コンビニエンスストア駐車場の通路部分については，不特定の自動車や人が自由に通行することが認められており，かつ，客観的にも，上記の者の交通の用に供されている場所といえるから，道路交通法 2 条 1 項 1 号にいう「一般交通の用に供するその他の場所」に該当するといえる。

　しかし，そうであっても，本件事故は，被告人が，本件駐車場通路部分を通り抜けようとしていた際の事故ではなく，店舗を利用するため，駐車区画部分に駐車しようとして，被告人車両を後退させる際の事故であり，業務上過失傷害罪の被告人の注意義務も車両後方左右の安全を確認して後退すべき義務であるところ，被告人は，これを怠って時速約 2 ないし 3 キロメートルで後退中，本件衝突事故を起こしたというもので，衝突地点も，駐車区画最深部の店舗建物に沿って設置されている車輪止め上であるから，衝突当時，被告人運転車両の先頭部分が区画線の先端をいくらか超えていたとしても，本件事故が，本件駐車場の通路部分における自動車の交通に起因するものであったと認めることは相当でないというべきである。

【論点 3 】他人が報告した場合と報告義務について
（東京高判昭和55年11月25日）

　道路交通法72条 1 項後段は，交通事故が発生した場合に，当該車両の運転者に対して同条所定の事項を警察官に報告すべき義務を課し，運転者をして確実に右義務を履行させ，それにより負傷者の救護や現場における危険の防止等の措置に万全を図ろうとするものであるところ，被告人は事故後直ちに現場から立ち去り，立ち去るに際し，第三者が既に警察官に対して事故の報告をし，これによって負傷者の救護や現場道路における危険の防止等の措置がとられ，最早被告人から重ねて報告をしても意味がない状態に立ち至ったものと認識していたとは到底認められないから，所論の主張するように第三者から事故の報告がなされた事実があるからといって，それだけで被告人の報告義務は消滅しないと解すべきである。

（大阪高判昭和56年8月27日）

　道路交通法72条1項後段の報告は，本来，当該車両等の運転者がみずから直接所定の警察官に対して行うべきものであるが，運転者が右報告をみずから直接行わず，他人に依頼してこれを行うことが許されるとしても，その場合でも，みずから直接報告をしたときと同様の報告義務の履行に伴う同法上の負担を免れるものではないと解するのが条理上公平にかなうというべきである。したがって，運転者がみずから直接警察官に所定の報告をした場合に，同条2項により，警察官が現場に到着するまで現場を去ってはならない旨の命令（以下，「現場滞留命令」という。）を受けることがある以上，他人を介して報告をしようとする運転者は，少なくともその他人が警察官に対して報告をすませたことを確認すべきであることはもちろん，右報告を受けた警察官から，右の現場滞留命令をその他人を介して受けたか否かを確認するのでなければ，みずから警察官に所定の報告をした場合と同様に右報告義務を尽くしたことにはならないと解するのが相当である。

（東京高判昭和58年6月6日）

　他人に依頼して道路交通法72条1項後段の報告をする場合には，警察官をして事故の態様，損壊の程度，道路交通上の支障の有無等を的確に把握させ，速やかに適切な対応策をとらせるため，右把握ができる程度の具体的かつ正確な内容を報告する必要があると解すべきであるが，被告人は単に「警察に連絡してくれ」と被害者に言っただけであり，被害者がこれに応じて警察に通報した事項は，「私の家に自動車が衝突して雨戸等がこわされた」という程度に過ぎず，自動車の車種，大きさ，物の損壊の程度，道路交通上の支障の有無等は，被告人が電話中に立ち去ったため，なんら報告する手がかりもなく，不完全な報告にとどまったことが認められる。

　また，道路交通法72条2項の，前項後段の報告を受けた警察官が，道路における危険を防止するため必要があると認めるときは，当該報告をした運転者に対し，警察官が現場に到着するまで現場を去ってはならない旨を命じることができるとの規定も，本件のように運転者が立ち去った場合にはこれを活用する余地がなく，この点からしても被告人の前記行動は，当該報告義務を完全に履行したものとはいえないことが明らかである。

（大阪高判昭和58年10月12日）

　交通事故が発生した場合に道路交通法72条1項後段で運転者等に報告義務を課

しているのは，警察官をして一応すみやかに同条項所定の事項を知らしめ，負傷者の救護及び交通秩序の回復等について当該車両等の運転者が講じた措置が適切妥当であるかどうか，さらに講ずべき措置はないか等を判断させ，万全の措置を検討，実施させようとするにあることは所論指摘のとおりであるところ，自動車相互間での交通事故が発生した場合においては，それぞれの自動車運転者が右の報告義務を負うことは，同条項の規定上明らかであり，しかも，被害者の救護及び交通秩序の回復等に関し警察官に迅速，適切且つ万全の措置を講じさせるためには，まず，右報告の要否を当該運転者の判断に委せることは適当ではなく，事故車両の運転者は，具体的状況如何に関係なく一応すべて報告義務を免れ得ないものとしなければならず，しかも報告を受ける警察官としても一方の運転者の報告を受けただけでは同条項所定のすべての事項を網羅して把握できるものではないから，双方の運転者からそれぞれ十分な報告を求める必要があるうえ，同条2項，3項が事故報告を受けた警察官は，必要があると認めたときは報告をした運転者に現場を去ってはならない旨命ずることができ，現場にある警察官は事故車両の運転者に対し負傷者を救護し，道路における危険を防止し，その他交通の安全と円滑を図るために必要な指示をすることが出来ると規定している趣旨からみて，事故車両の運転者は警察官の右命令や指示がないことを確認しなければ事故現場を離れてはならないことをいっていると解されることからみても，一方の自動車運転者から事故報告がなされたからといって，他方の自動車運転者に事故報告をさせる必要性が消滅するものではないというべきである。

【論点４】救護義務の内容について
（東京高判昭和57年11月９日）

たしかに，本件事故惹起後被告人は下車し，転倒していた被害者を引き起こし，「大丈夫ですか」と声をかけたものの，付近の者らが，「動かさない方がいい」というので被害者を路上に寝かせたままにしていたこと，次いで被告人は周囲の人に救急車の手配を頼んだこと，しばらくして救急車が現場に接近してくるのを確認するや，被告人は，「救急車が来れば，無免許，飲酒運転が判り，つかまってしまう。そしてしばらく出てこれないかもしれない。その前に会社に戻って仕事の打合せをしよう」と考え，そのまま現場から立ち去ったことが明らかである。

しかし，救護等の措置としては，決して被告人の右程度の行為で十分であるとは考えられないのであって，本件においては，自動二輪車を運転していた被害者が，数メートル先の交差点内路上に跳ね飛ばされて転倒し，鼻口部から出血し，

意識もはっきりしないまま放置された状況であり，また，交差点内の衝突個所付近にはガラス片も散乱していた状況であったから，例えば，被害者の救護措置として，到着した救急隊員とともに被害者を救急車に搬入することは勿論，場合により被害者を病院に収容するのに同行するとか，救急車到着までの間被害者の容態を見守るとともに適宜止血措置を講ずるとか，あるいは，適切な救急手当のために被害者の受傷当時の状況やその後の容態等を救急隊員らに説明するなどの行為も要求されていたというべきであるし，また，現場道路の危険を防止する措置としても，接近する車両に急を告げて二重の事故を防ぐなどの行為が同様に要求されていたというべきである。したがって，本件において，被告人は到底救護等の義務を尽くしたものとは認められないのであって，被告人が道路交通法72条1項前段に違反したことは明らかである。

（東京高判平成14年12月3日）

　道路交通法72条1項前段によれば，交通事故があった場合，車両等の運転者等は「直ちに車両等の運転を停止して，負傷者を救護し，道路における危険を防止する等必要な措置を講じなければならない」から，運転者は，交通事故を起こしたときには，まずもって，直ちに運転を停止しなければならない。そして，ここでいう運転の停止とは，負傷者を救護する等必要な措置を取ることを目的とするものであることは，その趣旨に照らして明らかであるから，そのような目的をもたずに車両を止めても，前記条項にいう「直ちに車両等の運転を停止」したことにはならないというべきである。そこで，本件における不救護の状況についてみると，関係証拠によれば次のとおりである。被告人は，交通事故に気付いた後，第2車線から第1車線に進路変更した上，衝突地点から約76.8メートル先で停車して車から降り，転倒しているXを取り巻いているH，I，Jらの近くに行き，Hらに対して，警察に電話したかと尋ねるなどし，警察に連絡したという返答を得るや，ちょっと酒を飲んでいるので，警察が来る前に帰りますと言ってその場を離れ，車で走り去った。なお，Hらは，被告人が近くを走行中に転倒者を認めて様子を見に来たもので，被告人が事故を起こしたとは気付かなかった。

　このように，被告人は，衝突直後ころに車を止めて，転倒しているXの近くまで行ったとはいえ，Xの負傷状況等を調べたり，救護等の措置に出たりしていないのであって，交通事故を起こした運転者として心配になり，車を止めてXの様子を見に行ったにとどまるというべきである。換言すれば，被告人は，車を止めた際，Xを救護する等必要な措置を講ずる意思があったとはいえない。そうする

と，被告人は，Xに傷害を負わせる交通事故を起こしたのに，直ちに車両の運転を停止して，Xを救護する等必要な措置を講じなかったことに帰する。

<その他同条に関する参考裁判例>

・車内において発生した一見軽微な負傷事故についても道路交通法72条1項後段の報告義務があるとされた事例（東京高等裁判所判決昭和50年2月18日）

・降車時のドアの開放によって人に負傷を負わせた行為が，道路交通法72条1項にいう「交通事故」に該当するとされた事例（東京高等裁判所判決平成25年6月11日）

・自動車運転者が暴行の犯意のもとに車両の運転により人の死傷の結果を発生させた場合であっても，道路交通法72条1項後段の報告義務を免れないとされた事例（最高裁判所第3小法廷判決昭和50年1月21日）

・自動車の運転者が傷害の故意に基づき車両の運転によって人を負傷させその場から逃走した場合であっても，道路交通法72条1項前段，117条の救護義務違反罪が成立するとされた事例（最高裁判所第1小法廷判決昭和50年4月3日）

・被告人に交通事故による人の傷害について未必の認識があったとして道路交通法の救護義務違反罪の成立を認めた事例（東京高等裁判所判決平成13年5月10日）

・報告義務違反の事実を認定するには，「報告しなかった」という事実についても補強証拠が必要であるとされた事例（東京高等裁判所判決平成30年10月3日）

補講②

脅迫事件
〜無罪事件に学ぶ

> ここがPOINT
> 無罪の理由から取調べのあり方を考えることで技術を磨くことができる

はじめに

　これまで仮想の事例を題材にして「録音録画時代の取調べの技術」について解説してきましたが，実際の裁判例（東京地立川支平成30年5月7日判時2445号78頁）を通じて，その技術習得の必要性を補足したいと思います。

＜事案の概要（判決文から引用）＞

　被告人は，平成29年6月8日午前11時35分頃，JR町田駅中央改札口前において，同社従業員A（当時36歳。以下「A」という。）に対し，着衣の袖をまくり上げるなどして腕の入れ墨を見せつけ，「なんだ，この野郎。」と怒鳴りながら足でAの身体を蹴りつける仕草をするなどし，もって同人の身体に危害を加える旨を告知して脅迫したというものである。

　公訴事実に関し，弁護人は，被告人は「なんだ，この野郎。」と怒鳴りながら足でAの身体を蹴りつける仕草はしていないし，Aに対し腕の入れ墨を見せつけてもおらず，覚醒剤使用の前科がある被告人が，警察官から腕の注射痕の有無を確認されると思って袖をまくっただけにすぎないと主張し，被告人も同様の供述をする。

　なお，被告人は，シャツの上に長袖のシャツを着用し，両腕前腕にサポーターを

つけ，長ズボンと運動靴等を着用していた。また，被告人の両腕の前腕等には入れ墨がある。

＜判　決＞
無罪（確定，求刑罰金30万円）

＜裁判所の事実認定と判決理由の要旨（判決文から適宜引用）＞

1　Aの証言内容（1回目）

　Aは，最初の証人尋問において，被告人が，Aのことをにらむような感じで見ながら，袖のボタンを外すとともに，サポーターのマジックテープのようなものをピリッと外した上，袖をまくり上げるような動作をして，両腕の入れ墨を見せてきたと述べ，さらに，「この野郎」というようなことを言いながら，被告人がつま先を20から30cmくらい上げるようにして蹴る仕草をしてきた，足のすねに当たるんじゃないかと思い，危ないと思ったなどと具体的に証言し，腕の入れ墨を見せつける行為は，蹴りつける仕草よりも前にされたと述べていた。

2　防犯カメラ映像について

(1)　身体を蹴りつける仕草の有無について

　　たしかに本件場面（被告人がAに対し蹴る仕草をしている場面が映っている旨検察官が主張する場面）の防犯カメラ映像では，被告人が手に持っていたリュックサックの手前に，それまでは映っていなかった，被告人のズボンの裾の一部がAの方に出てきて画面に映り込んだ後，すぐにAのいる方向とは反対に動いて画面から見えなくなる場面が映っており，小さい動作ながら膝を上げて蹴るような素振りをしたように見えなくもない。

　　しかしながら，当該場面の防犯カメラ映像は，ズボンの裾の一部だけが，ほんの一瞬映っているにすぎず，蹴りつける仕草をしているものと明確に認めることができるようなものではない。同映像のズボンの裾の動きは，被告人が，興奮して足を上げて地面を踏みつけたり，弁護人が指摘するように一歩前に出る素振りをしたりするなどの行動に出た際の足の動きである可能性が否定できない。

　　なお，検察官は，防犯カメラ映像から，被告人のズボンの裾が映った場面で，Aが両手を自身の両膝前に出すなどして右足を庇う仕草をしたことが認められると指摘するが，当該場面の防犯カメラ映像を見ても，Aが右足を庇う仕草をしているものと一義的に認められるようなものではない。

⑵　腕の入れ墨を見せつける行為の有無について

　　まず，本件場面よりも前の時点において腕の入れ墨を見せつける行為が
あったか否かについて検討する。

　　防犯カメラ映像によれば，防犯カメラの表示時刻午前11時36分９秒頃まで
の間に，被告人が袖をまくり上げるなどする様子は確認できない。そして，
同表示時刻頃には，被告人がリュックサックを持ち上げる際に，被告人の片
腕が映る場面があるが，そのときには長袖はまくり上げられていないことが
確認できる。また，防犯カメラ映像によれば，その後本件場面（防犯カメラ
の表示時刻午前11時36分25秒頃）まで，持ち上げられたままのリュックサッ
クの一部が映っているが，リュックサックがほとんど動いていないことが確
認できる。被告人が長袖を腕まくりしてサポーターを外すなどするためには
両手を動かす必要があるところ，そのような動作をした場合には，当然
リュックサックが大きく動くはずであるが，そのようなリュックサックの動
きが確認できないということは，本件場面までの間に，袖をまくって腕の入
れ墨を見せつける行為はなかったことが認められる（Aの１回目の証人尋問
が終わった後にこの点が判明したことから，訴因変更請求がされた上，同人
の尋問を再度実施することになった。）。

　　他方，本件場面から，防犯カメラ映像が終了するまでの間には，被告人は
ほとんど画面に映っておらず，防犯カメラの映像から，被告人が腕の入れ墨
を見せつける行為をしたことを直接確認することはできない。

⑶　小　括

　　以上のとおり，防犯カメラ映像から，被告人がAに対し蹴りつける仕草を
したり，腕の入れ墨を見せつけたりしたことを認定することはできない。

3　Aの証言内容（２回目）

　被告人から腕の入れ墨を見せつけられた後に蹴りつけるような動作をされたと
するAの証言が防犯カメラ映像と齟齬することが明らかになり，再度Aの証人尋
問が実施されたところ，Aは，被告人が自分に対し，腰を回すような感じで左足
の膝を前に突き出すような仕草をしてきた，その後，警察官が自分と被告人との
間に入ってくれた後に，被告人が，右腕の袖を肘までまくり上げて入れ墨を見せ
てきたと証言した。

　Aの証言は前記のとおり変遷しているところ，Aは，２回目に実施された証人
尋問において，最初の証人尋問における証言は，自身の記憶とは異なると供述し，
そのような供述をした理由につき，事件後ほどなく実施された被害再現の捜査に

協力した際に，被告人が袖をまくりサポーターを取って入れ墨を見せつける行為
をした後に蹴りつける仕草をしてきたなどとするP1巡査部長の言動を見聞きし，
現場に臨場して様子を見ていたP1巡査部長がそのように言うのであればその通
りなのであろうと考え，P1巡査部長の言動に沿う供述をするようになり，その
後も，供述を変えると信用されなくなったり警察に迷惑をかけたりするのではな
いかなどと思い，供述を維持したなどと述べる。

4　Aの証言の信用性について

（1）蹴りつける仕草に係る供述について

　　Aは，最初の証人尋問では，被告人がつま先を20から30cmくらい上げる
ようにして蹴る仕草をしてきた，足のすねに当たるんじゃないかと思い，危
ないと思ったなどと具体的に証言する。

　　しかし，防犯カメラには被告人のズボンの裾の一部は映っているものの，
被告人の靴は映っていない。つま先を上げて蹴りつける仕草をしたのであれ
ば，裾だけ防犯カメラに映ってつま先が映らないのは不自然であるから，蹴
りつける仕草に係るAの上記証言は防犯カメラの映像と離齬しており，この
点だけでも上記証言は信用性に重大な疑問があるといえる。

　　Aは，2度目の証人尋問において，被告人が腰を回すようにして左膝を前
に出すような形で蹴る仕草をしたと証言しており，右足のつま先を上げて蹴
りつけるような仕草をしたとの当初の証言からその内容を変遷させている。

　　蹴りつける仕草に係る変遷後のAの供述については，変遷するに至った合
理的な理由が認められず，信用するに足りない。

（2）腕の入れ墨を見せつける行為について

　　腕の入れ墨を見せつける行為に係るAの最初の証人尋問での証言は，防犯
カメラ映像と離齬するものである上，A自身，記憶に基づくものでないと述
べるのであるから，その証言が信用できないことは明らかである。

　　他方，Aの2回目の証人尋問におけるAの証言についても，信用性に疑問
を生じざるを得ない事情が複数ある一方，信用性を十分に担保するだけの客
観的証拠や事情はないから，信用するに足りない。

（3）小　括

　　被告人が蹴りつける仕草をしたり，腕の入れ墨を見せつける行為をしたと
いうAの証言は信用できない。

＜本件証拠構造の検討＞

　本件では，被告人の脅迫行為の有無，具体的には，Ａの身体を蹴りつける仕草の有無と腕の入れ墨を見せつける行為の有無が争点です。

　そして，両事実を立証するための直接証拠として，現場の防犯カメラ映像があります。

　現場の防犯カメラ映像は，脅迫行為の有無を立証するための直接証拠であり，かつ，客観証拠ですから，証拠価値は最も高く，防犯カメラ映像を見れば，被告人がＡに腕の入れ墨を見せつける行為をしたり，Ａを蹴りつける仕草をしていることが明らかなのであれば，この点の立証は十分ということになります。

　したがって，捜査に従事する者が，最初に確認すべきは，防犯カメラの映像ということになります。

　しかし，判決文によれば，防犯カメラ映像から，被告人がＡに対し蹴りつける仕草をしたり，腕の入れ墨を見せつけたりしたことを認定することはできないということでした。

　防犯カメラ映像は，客観的な証拠ですから，この点の判決内容は争いようがないはずです。

　つまり，警察官が見ても，検察官が見ても，防犯カメラ映像からでは，被告人がＡに対し蹴りつける仕草をしたり，腕の入れ墨を見せつけたりしたことを認定することはできないはずです。

　そこで，立証の柱は，防犯カメラ映像ではなく，直接証拠であり，供述証拠であるＡの供述に移動します。

　もっとも，供述証拠は，常にその信用性をセットで検討する必要があります。信用できる供述内容であって初めて証拠価値があるからです。

　そして，Ａの供述に信用性が認められるためには，最低限，Ａの供述内容が，防犯カメラ映像と矛盾していないことが必要です。

　そこで，Ａの取調べに際しては，取調官が，自ら防犯カメラ映像をきちんと確認して臨む必要があります。

　この点の検討が，本書で最初に指摘した，

　　取調べには

　　　　①的確に証拠構造を把握する能力

　　　　②適切なコミュニケーション能力

　　が必要である

と述べたうちの，①に当たります（本書第１講参照）。

つまり，本件では，Aの供述が立証の柱であることを明確に意識した上で，供述証拠が立証の柱であることから，防犯カメラの映像と齟齬がないかをきちんと検討して，A供述の信用性を吟味しなければならないという目的意識をもってAを取り調べる必要があるのです。

　判決内容を見る限り，本件ではこの点の意識及び検討が不十分であったと思われます。

　捜査段階の取調べにおいては，本書で述べてきた技術を用いて，②適切なコミュニケーションの下，次のような問答をする必要があります。

　※  ＝取調官，■ ＝Aを示します。

＜取調べ内容の検討＞

> 最初に相手があなたに向かってきた時の様子を詳しく教えてください。

> 男は，私のことをにらむような感じで見ながら，袖のボタンを外すとともに，サポーターのマジックテープのようなものをピリッと外して，袖をまくり上げるような動作をして，両腕の入れ墨を見せてきました。

> それから。

> 男は，「この野郎」と怒鳴りながら，右足のつま先を20から30cmくらい上げるようにして私を蹴る仕草をしてきました。

> あなたは，どう思いましたか。

> 入れ墨を見せられた時は怖いと思いましたし，蹴る仕草をされた時は，私の足のすねに当たるんじゃないかと思い，危ないと思いました。

> 順番を確認しますが，男は，最初に入れ墨を見せつけてきて，次に足で蹴ってきたということでいいですか。

> はい。

入れ墨を見せつけてくるのと，蹴ってくるのは一連の動作なのですか。

そうです。

 そうすると，時間的にも場所的にもほぼ同じ時間，場所ということでいいですか。

はい。

 （現場の図面を見せて）入れ墨を見せつけてきたり，蹴られそうになったりしたのは，この図面でいうとどの辺りですか。

（図面に指を指して）この辺りです。

 そうすると，今話してくれた内容は，防犯カメラに映っているはずですか。

そうだと思います。

　ここまでが，誘導質問で場面を設定し，オープンな質問でその場面の詳細を聞くという「聴取」ということになります。

　「聴取」は，なるべく供述者が話しやすい雰囲気を作り，答えやすいように供述を求める場面を明確に特定し，その場面の詳細を語ってもらいます。

　取調官は，必要な事実を供述者の口で供述してもらうことに意識を集中して質問を組み立てることがコツだと思います。

　そして，防犯カメラ映像からは，被告人がAに対し蹴りつける仕草をしたり，腕の入れ墨を見せつけたりしたことを認定することはできないことを意識して，Aの供述内容の信用性を吟味するための質問をします。

 私の方で，防犯カメラの映像を確認したんですが，今，改めて一緒に確認してもらえますか。

はい。

（映像を見せながら）この場面ですが，男のズボンの裾の一部があなたの方に出てきて画面に映り込んだ後，すぐに画面から見えなくなりますね。
この映像があなたが蹴られそうになったと話してくれた場面ですかね。

はい。そうだと思います。

この防犯カメラに映っていない別の場所だとか別の時間だったということではなく，場所とか時間もあなたの記憶と矛盾しないですか。

そうだと思いますが。あまり自信はありません。

はっきり記憶がないところや分からないところがあるのは当たり前ですから，そうであればそのように教えてください。

はい。

仮に今の映像の場面が，あなたが先ほど話してくれた男に蹴られそうになった場面だとするとね，膝を上げて蹴るような素振りには見えますが，男のつま先は映っていないですよね。

そうですね。

よく思い出してほしいんですが，蹴られそうになったのは間違いないのですか。

はい。

つま先で。

すみません。足で蹴られそうになった記憶はあるのですが，私も，男の剣幕に気圧されて，正直怖くて動揺していたこともあって，足でどのように蹴られそうになったかははっきりしません。

いえいえ。謝る必要はないですよ。いきなり怒鳴られ
て，怖かったでしょうし，その時の様子を逐一記憶し
ているほうが不自然ですから。
ただね，覚えていることと記憶があいまいなことはき
ちんと区別して話してくださいね。

分かりました。

（映像を見せながら）映像を見る限り，あなたが蹴ら
れそうになったという場面ではないかという先ほどの
映像までの間に，男が袖をまくって腕の入れ墨を見せ
つける行為があったことをうかがわせる様子は認めら
れないですよね。

そうですね。

蹴られそうになる前に入れ墨を見せつけられたという
のは間違いないのですか。

そう言われると自信がありません。
男の入れ墨を見たのは間違いありませんし，それを見
て怖いと思ったのも間違いありませんが，どういった
経緯で見せられたかというのはちょっと記憶があいま
いです。

　このように防犯カメラの映像（客観証拠）を示して，「聴取」の結果得られた
供述内容との矛盾点を確認していくのが「追及」です。
　被疑者であれ，被害者であれ，純粋な参考人であれ，「聴取」の結果得られた
供述内容が客観的な物証と矛盾する可能性がある場合には，物証を示して説明を
求める必要があります。
　そして，この「追及」に対して，納得のいく合理的な説明ができれば，防犯カ
メラ映像との離齬によって信用性が否定されることはないという消極的な意味で
の最低限の信用性は確保されるということになります。
　しかし，本件の場合，Aの初期の供述内容は，防犯カメラ映像を示した「追
及」によって，その信用性には疑問が生じたと言わざるを得ません。
　本件では，捜査段階の取調べにおいて，Aの初期供述の信用性には問題がある

ということに気が付くことが必要でした。

　そして，「録音録画時代の取調べの技術」で検討してきた「技術」を身に付けることによってそれは可能になるはずです。

　この裁判例から学ぶべきポイントは，供述証拠が立証の柱である場合，供述証拠と客観証拠とに齟齬がないかを確かめ，その信用性を吟味することが必要であり，それは，取調べにおいて，「聴取」から「追及」の手順を守ることによって可能になるということです。

　もちろん，「聴取」では，何らの誘導もせず，オープンな質問で事実を語らせることのほか，記憶にあることと，記憶にないこと，記憶があいまいなことを区別して話してもらうことが大切です。

　警察においてであれ，検察においてであれ，一度，客観証拠と矛盾する供述がなされれば，その供述内容の信用性は慎重に検討しなければなりません。

　物証がない以上，それは当たり前のことです。

　その意味でも，まずは，きちんと「聴取」をするという姿勢が非常に大切なのです。

結びに代えて

　『捜査研究』の連載時に読者から寄せられた「『録音録画時代の取調べの技術』で取り調べた結果得られた供述内容をどのように公判に顕出すればよいか。」という質問について回答します。

　公判においては，捜査段階における取調べの結果得られた供述内容の全てを顕出する必要はありません。「罪体」と「重要情状事実」に関する事実のうち，被疑者及び参考人の供述が必要な部分だけをその重要性に応じて顕出させればよいのです。

　その際の質問方法は，誘導質問で場面を限定し，オープンな質問で内容を供述させる，ということになりますから，質問方法の技術はこれまで説明してきた内容と同じです。

　なお，顕出しなければいけない事実とその重要度は，証拠構造によって決まります。ですから，証拠構造を適切に把握し，適切なコミュニケーションの下，取調べができるようになれば，公判における尋問や質問の技術も同様に向上していきます。

　個人的には，否認事件の公判に数多く立会して経験を積むことが，捜査・公判能力の向上に役立つと思います。私は，新任明けの水戸地検時代に尊敬する先輩から「自白事件をいくらこなしたって力はつかないよ。」と若いうちに積極的に手を挙げて否認事件をもらいにいけ，とアドバイスを受け，それを実践しましたが，今でもその先輩には感謝しています。

　また，新任検事として，東京地検の公判部で３か月勤務した際，当時，私が立会していた東京地裁の裁判長（部長）のところに，毎回の公判終了後に，ご指導を受けに行っていましたが，部長から，「聞きたいことを何でも聞くのではなく，１つしか質問できないとしたら何を聞くか考えて質問してごらん。」とご指導いただきました。この教えは，その後，今まで私の中でずっと大切な教えとして生きています。

　１つしか質問できないとしたら，何を聞くか，どういう質問で聞くか。

　そういう意識をもって，質問事項を検討していくと，捜査でも公判でも，

尋問や質問の技術が磨かれていくと思いますので，是非，参考にしてみてください。

　そのほか，これまで書かせていただいた内容は，検察庁の上司や先輩方，裁判所の裁判官からご指導をいただいてきた内容です。そのご恩にこの場を借りて感謝申し上げます。もちろん，掲載内容に関する責任は，全て私にあります。

　本書が，「録音録画時代の取調べの技術」が意識的に検討され，体系化され，広く捜査官に共有されることに少しでも役立てられることを願っています。

山　田　昌　広

著者紹介

山田　昌広（やまだ・まさひろ）

　平成18年10月　検事任官（東京地方検察庁）
　平成19年4月　千葉地方検察庁検事
　平成20年4月　水戸地方検察庁検事
　平成22年4月　千葉地方検察庁検事
　平成23年4月　東京地方検察庁検事
　（平成24年6月～平成25年6月　米国ノートルダム大学ロースクール客員研究員）
　平成26年4月　神戸地方検察庁伊丹支部長
　平成28年4月　法務総合研究所教官（アジア極東犯罪防止研修所教官）
　平成31年4月　山口地方検察庁三席検事
　令和3年4月　東京地方検察庁検事

録音録画時代の取調べの技術

令和3年9月1日　初　版　発　行
令和5年2月20日　初版3刷発行

著　　　者　　山　田　昌　広
イラスト　　村　山　二　郎
発　行　者　　星　沢　卓　也
発　行　所　　東京法令出版株式会社

112-0002	東京都文京区小石川5丁目17番3号	03(5803)3304
534-0024	大阪市都島区東野田町1丁目17番12号	06(6355)5226
062-0902	札幌市豊平区豊平2条5丁目1番27号	011(822)8811
980-0012	仙台市青葉区錦町1丁目1番10号	022(216)5871
460-0003	名古屋市中区錦1丁目6番34号	052(218)5552
730-0005	広島市中区西白島町11番9号	082(212)0888
810-0011	福岡市中央区高砂2丁目13番22号	092(533)1588
380-8688	長野市南千歳町1005番地	

〔営業〕TEL 026(224)5411　FAX 026(224)5419
〔編集〕TEL 026(224)5412　FAX 026(224)5439
https://www.tokyo-horei.co.jp/

ISBN978-4-8090-1428-4